지금껏 한 번도 만나본 적 없는
지상 최고의 수업으로
당신을 초대합니다

아내 세진, 상홍 형, 댄과 샌디 할로웰Dan & Sandy Hollowell,
캐시 맥과이어Kathy Mcquire의 사랑과 격려, 도움이 없었다면
결코 가지 못할 길이었다. 가슴속 깊은 곳에서 나오는 감사를 드린다.
그리고 이 모든 여정을 허락하신 하나님께 영광을 돌린다.
Soli Deo Gloria!

최고가 되려면 최고를 만나라

2013년 6월 25일 초판 1쇄 발행 | 2013년 7월 15일 4쇄 발행
지은이 · 최상태

펴낸이 · 박시형
책임편집 · 정현미, 이혜진 | 진행 · 김범수 | 디자인 · 김애숙, 정재은

경영총괄 · 이준혁
마케팅 · 장건태, 권금숙, 김석원, 김명래, 탁수정
경영지원 · 김상현, 이연정, 이윤하 | 해외 저작권 관리 · 정혜리
펴낸곳 · (주)쌤앤파커스 | 출판신고 · 2006년 9월 25일 제406-2012-000063호
주소 · 경기도 파주시 회동길 174 파주출판도시
전화 · 031-960-4800 | 팩스 · 031-960-4806 | 이메일 · info@smpk.kr

쌤앤파커스(Sam&Parkers)는 독자 여러분의 책에 관한 아이디어와 원고 투고를 설레는 마음으로 기다리고
있습니다. 책으로 엮기를 원하는 아이디어가 있으신 분은 이메일 book@smpk.kr로 간단한 개요와 취지,
연락처 등을 보내주세요. 머뭇거리지 말고 문을 두드리세요. 길이 열립니다.

LESSONS FROM THE

세계 최고 구루들에게 직접 들은 성공의 한 수

최고가 되려면 최고를 만나라

TOP

최상태 지음

C O N T E N T

프롤로그 --- 10

최고와의 만남을 준비하며 ------------------------------ 22

첫 번째 만남

"바닥에서 보면
문제가 잘 보입니다."

세계 최고의 성공학 작가 잭 캔필드Jack Canfield ------------------------------ 28

두 번째 만남

"배움에 고파하세요.
그러면 결코 굶주리지 않을 겁니다."

세계 최고의 자기계발 구루 브라이언 트레이시Brian Tracy ---------------------- 36

세 번째 만남

"액션 없이는 어떤 것도
    점화시킬 수 없지요."

세계 최고의 이그나이터 데이비드 김David Kim ----------------- 60

네 번째 만남

"남을 돕는 것이
    결국 나를 돕는 것입니다."

세계 최고의 칭찬 전문가 켄 블랜차드Ken Blanchard ----------------- 78

다섯 번째 만남

"겸손함은
    최고의 엘리트가 가져야 할 덕목입니다."

세계 최고의 트레이더 다우 김Dow Kim ----------------------------100

여섯 번째 만남

"남의 모방품이 아닌
    진정한 자기를 창조하세요."

세계 최고의 리더십 구루 워렌 베니스Warren Bennis -----------------118

일곱 번째 만남

"꿈을 실현할 그 무엇을 만나거든
절대로 놓치지 마세요."

세계 최고의 열정가 하워드 슐츠Howard Schultz ---------------------------- 136

여덟 번째 만남

"취미를 새로운 직업으로 삼아보세요."

세계 전기차 열풍의 주역 남기영Ki yeong Nam ---------------------------- 158

아홉 번째 만남

"숙명 같은 일과 조우하세요."

세계 최고의 셰프 조엘 로부숑Joel Robuchon ---------------------------- 180

열 번째 만남

"결핍이야말로 성장을 가져다주는
가장 센 동력입니다."

세계 최고의 영화 메카 할리우드에서 가장 창의적인 인재 스티브 정Steve Jung ------- 196

열한 번째 만남

"인생에 한 방은 없습니다."

세계 최대 카지노·호텔 경영자 개리 러브맨Gary Loveman -------------------- 214

열두 번째 만남

"그도 하고, 그녀도 하는데
나라고 왜 못하겠어요?"

세계 최고의 '캔 두 스피릿 Can Do Spirit**'** 김태연Tae yeon Kim -------------------- 232

최고와의 만남을 마무리하며 -------------------------------- 249

최고가 되기 위한 마인드 트레이닝 ----------------------- 260

에필로그 -- 264

감사의 글 --- 269

"고객님, 최종 목적지는 어디세요?"

러시안 액센트가 섞인 영어를 쓰는 스튜어디스가 입국 카드를 나눠주며 물었다. 모스크바 상공을 사뿐히 떠오른 비행기는 곧 대서양 상공을 거쳐 워싱턴 DC로 향하게 될 터였다.

"LA까지 갑니다."

엄청난 에너지를 불어넣어 주었던 북유럽 여행의 감동은 여전했다. 막 내린 에스프레소를 마신 뒤 입 안에 진한 커피 향기가 남는 것처럼, 며칠이 흘렀지만 지금도 그 곳에 있는 듯한 착각이 들었다. 《인어공주》 등 주옥같은 동화를 남긴 안데르센Andersen의 나라 덴마크, 광활한 자작나무 숲과 U자형 피오르드를 뽐내던 노르웨이, 복지강국 스웨덴과 바이킹의 후예 핀란드를 거쳐 시베리아 고속철도를 탔다. 유럽을 능가하는 위대한 러시아를 건설하기 위해 부국강병 정책을 펼친 표트르 대제가 국력을 기울여 건설한 여름 궁전과 겨울 궁전을 자세히 들여다보았다. 모스크바에서는 페레스트로이카 이후 몰락했던 러시아의 경제 부흥을 꿈꾸며 푸틴 대통령이 주도하고 있는 변화상을 지켜볼 수 있었다.

한 달여에 걸친 이번 여행은 숨 가빴던 10년간의 기자 생활에 쉼표를 찍고, 새로운 활력을 찾기 위해 떠난 여행이었다. 미국에서 유학생활이 끝나고 시작된 기자생활은 매일 데드라인과 싸우는 일상의 연속이었다. 바빴지만 다양한 취재 현장에서 세상을 바라보는 눈을 넓게 뜰 수 있었다.

태평양 파도가 넘실대는 하와이 진주만을 호령하던 미국 이지스 구축함의 선상에서, 과테말라 빈민촌을 뒤덮은 양철지붕들이 내려다보이는 언덕에서, 미국에서 한국차의 약진을 실감할 수 있었던 기아자동차 조지아주 생산 공장에서, 세계 최고의 셰프들이 환상적인 산해진미를 내놓은 라스베이거스 푸드 페스티벌에서, 대자연의 힐링을 온몸으로 느낄 수 있었던 옐로스톤과 그랜드캐년의 장엄한 계곡에서, 지상 최고의 공연 〈태양의 서커스Cirque du Soleil〉 단원들의 혼이 담긴 훈련 현장을 지켜보던 은막 뒤에서…… 나는 새로운 인생의 도전이 주는 스릴과 감동을 만끽했다.

낯선 이국의 땅, 그 밑바닥에서 일어선 다양한 사람들을 만났다. 성공한 업종과 분야가 다르고 나이와 성격도 제각각이었지만 그들의 성공 신화에서 고난이 주는 거대한 파도에 맞서 용기와 도전으로 새로운 인생을 개척한 승리자의 정신을 발견할 수 있었다. 대서양을 날아 로스앤젤레스로 돌아오는 비행기 안에서 나는 20년 전 암담했던 대학 시절의 한 장면을 떠올렸다.

◆

"타다닥, 탁탁." 지붕 위로 빗방울이 떨어지기 시작했다. 사흘간 비가 내릴 것이라는 기상 캐스터의 목소리가 라디오에서 흘러나왔다. 구름이 짙게 드리운 탓인지 낮인데도 방안이 컴컴했다. '비 오는 날은 공치는 날인데, 이러다 등록금을 제때 마련할 수 있을까.' 걱정스런 생각이 들었다.

아침과 점심을 모두 거른 나는 힘없이 방안에 누워 천정을 바라보았다. 책만 잔뜩 꽂혀 있는 책꽂이와 책상이 휑한 방을 채우고 있는 내 가구의 전부였다. 구석에 있는 낡은 CD플레이어에서는 모차르트 Wolfgang Amadeus Mozart의 소야곡이 흘러나오고 있었다. 창문 너머 떨어지는 빗소리에 맞춰 흐르는 바이올린 선율만이 나를 감쌌다.

'과연 이렇게 초라한 내 인생의 운명을 바꿀 수 있을까.'

고학하며 대구의 한 대학에 입학한 내게는 낭만적인 대학생활과 장밋빛 미래 대신 혼자 힘으론 감당하기 힘든 생활비와 대학 등록금이 기다리고 있었다. '지방대생'이라는 딱지와 함께. 학기 중에는 신문 배달과 야간 경비, 과외를 하며 생활비를 마련했고 방학이 시작되면 등록금을 마련하러 뛰어다녀야 했다. 단기간에 돈을 벌기에는 막노동이 최고였다. 별다른 기술이 없는 대학생에겐 특히나. 대신 일이 고됐다. 평소 잘 쓰지 않은 근육을 사용해서인지 일이 끝난 뒤에는 온몸이 소리 없는 비명을 지르곤 했다. 대학생들의 전유물이었던 MT나 데모도 내겐 사치였다. '너희들이 말하는 진짜 프롤레타리아가 여기 있거든.' 민주화 시위의 마지막 물결에 동참하는 동기들을 부러워하며 독백을 내뱉었다.

한려수도 남쪽바다 남해. 고향은 기막히게 아름다웠지만 가난한 농부의 아들로 태어난 내게 예정된 인생의 항로는 험난했다. 고교 진학을 포기해야 할 뻔했지만 학비 전액을 지원받는 국립공고에 합격해 간신히 졸업장을 손에 쥘 수 있었고, 손위 형님의 권유와 도움으로 대학 진학의 불씨를 살릴 수 있었다.

그렇게 겨우 대학에 진학했지만 숙명처럼 내 삶을 옭아매고 있는 가난의 끝은 보이지 않았다. 언제쯤 내가 꿈꾸는 자유롭고 원하는 인생을 살아갈 수 있을지 몰랐다. 그나마 바쁘게 생활 전선을 뛰어다닐 때는 이런 사치스러운 고민조차 할 새가 없었다. 그러나 졸업할 때가 가까워오자 내가 처한 현실을 알 수 있게 되었다.

"지방대라 이력서를 넣어도 연락 오는 데가 없어. 이까짓 졸업장 어디 써먹겠어."

"빽이 있어야지. 인생 최대의 행복은 부모를 잘 만나는 거야. 우린 틀렸어."

"학벌이 삼류면 남은 인생도 별 볼 일 없잖아. 그러니 노력해야 봐야 헛심 쓰는 거라고."

한 친구는 졸업하기도 전에 취업을 위해 서울에 있는 학원으로 떠났다. 편입을 해서 학벌을 '세탁'하겠다며 고교 영어 문법책을 다시 꺼내는 친구도 있었다. 이런 좌절 가득한 푸념이 들릴 때마다 속으로 '이건 아니야. 지방대라고 우리의 가능성까지 닫혀 있는 것은 아니잖아!'라고 반박하고 싶었다. 하지만 내가 처한 생활이 너무 비참해서 어떤 주장을 해도 아무 호소력이 없을 듯했다. '그래, 결과로 보여주자.' 속된 말로 부모 복도 없고, 지방대라는 꼬리표에, 지긋지긋한 가난 등 이 세상 모든 복이란 복은 다 비껴간 보잘 것 없는 내가 인생의 항로를 바꿔보자. 만약 그럴 수 있다면 다른 누구도 그렇게 할 수 있지 않을까. 나는 속으로 다짐했다.

'누구라도 자신이 꿈꾸던 인생을 살아갈 수 있어. 그 길을 한번 찾아보자.'

신학을 전공하던 나는 원래 가려던 소명을 잠시 접어두고 철학과 문학, 역사, 경제경영, 자기계발 등 분야를 넓혀 책을 읽기 시작했다. 성경에서 영혼의 평안은 얻을 수 있었지만 현실적인 문제에 대한 실질적인 답을 찾기에는 나의 내공이 부족했다. 나는 존 듀이John Dewey의

도서분류법을 변형시킨 '도서 목차 노트'를 만들어 책을 섭렵해나갔다. 그러나 내가 고민하고 있던 문제에 '이거다' 하고 정답을 말해주는 책은 찾기 힘들었다.

여느 때처럼 도서관 서가를 맴돌던 어느 날이었다. 신학자 폴 틸리히Paul Tillich, 철학자 루트비히 비트겐슈타인Ludwig Wittgenstein의 추상적인 언어 세계에서 허우적대다 평소 좋아하던 톰 피터스Tom Peters, 스티븐 코비Stephen Covey와 피터 드러커Peter Ferdinand Drucker가 쓴 책들을 책상에 올려놓고 읽고 있었다. 그러다 문득 이런 생각이 들었다.

'책은 결국 책이지 않을까. 체험으로 배운 지식이라야 진정한 내 것이 아닐까. 이제 도서관에서 맴돌지 말고 세상으로 나가 마음껏 모험해보자. 그동안 책을 통해 얻은 지혜가 있다면 현실에서 적용시켜보자. 그래서 지금보다 나은 내 운명을 한번 개척해보자. 직접 세상으로 나가 경험하고 만나고 부딪혀보자.'

하지만 주변 여건은 너무나 불투명했다. 당장 다음 달 생활비와 불확실한 진로 문제가 발목을 잡았다. 제자리에 주저앉아서 불평할 것인가, 넘어지고 깨어지더라도 떠날 것인가. 그것은 내게 주어진 선택의 문제였다. 난 용기를 내기로 마음먹었다. 언젠가 변화된 내 인생을 통해 누군가에게 의미를 주는 사명을 발견할 수 있기를 소원하면서. 그래서 내게 주어진 모진 운명의 의미를 발견하기를 바라면서.

◆

　그해 힘겨운 겨울을 보내고 대학을 졸업한 나는 해군 장교로 입대했다. 북방 한계선NLL을 두고 대치를 벌이던 서해안에서 초계함을 운용하는 항해 장교로 복무했다. 제대 후 대기업의 정보통신회사에서 짧게 엔지니어 생활을 한 뒤 미국으로 유학을 떠났다. 그 후 중앙일간지의 미주 지사에서 기자 생활을 시작했다. 세계 강대국인 미국에서 다양한 경험을 쌓고 유력자를 만나기 위해서는 기자만큼 좋은 직업이 없다는 판단에서였다. 미주 지사는 담당 취재처가 서울처럼 세분화되어 있지 않아 다양한 분야를 두루 경험할 수 있는 장점이 있었다.

　어느 정도 경력을 쌓으며 미국을 알게 된 나는 각 분야에서 탁월한 명성을 가진 세계 최고의 구루를 만나기로 결심했다. 최고의 조언은 세계 최고의 구루에게서 얻을 수 있다는 생각에서였다. 운 좋게도 그들은 내 제의를 흔쾌히 받아주었다. 가슴이 부풀었다. 대학 시절부터 품었던 누구라도 인생의 항로를 바꿀 수 있는 방법의 실마리를 찾을 것이라는 기대 때문이었다.

　자기계발 분야의 구루 브라이언 트레이시, 칭찬 전문가 켄 블랜차드, 세계 최고의 리더십 전문가 워렌 베니스, 세계 최대의 카페 체인 스타벅스 하워드 슐츠 회장, 세계 최대의 카지노 호텔체인 '시저스 엔터테인먼트'의 개리 러브맨 회장, 세계 최고의 셰프 조엘 로부숑, 세계 최대의 증권사 메릴린치 투자은행부문 공동 사장이 된 자랑스런 한국인 다우 김, 열정 하나로 팽이팔이 소년에서 억만장자가 된 데이비드 김 회장 등을 직접 만났다. 그리고 그들의 삶을 최고로 이끈 비결과 조언을 들었다.

그런데 이상한 일이었다. 정상에 오른 세계 최고의 구루에게서 보석 같은 조언을 들을수록 그 메시지가 필요한 대상과의 접점을 찾기가 어려웠다. 내 고민은 불우했던 내 과거의 부족함을 메우려는 발버둥일 뿐, 다른 사람들에게 도움을 줄 수 있는 것인지 확신이 들지 않았다. 그 대신 내가 보였다. 콤플렉스로 상처투성이가 되어 있는, 벌거벗은 채로 서 있는 초라한 내면의 자아가.

◆

"잠시 후 로스앤젤레스에 착륙할 예정입니다."

안내방송이 들렸다. 내 몸은 미국 서부 상공을 날고 있었지만 생각은 여전히 모스크바에 있는 듯했다. 크렘린 붉은 광장을 배경으로 찍은 영화 〈닥터 지바고〉의 한 대사가 귓전에 또렷하게 들렸다.

"좋아. 너는 누구냐? 네가 항상 너 자신이라고 알아왔던 너에 관한 그것이 무엇이냐? 너는 네 안에 있는 무엇을 알고 있나? 너의 심장인가? 너의 간인가? 너의 혈관인가?"

"아니다." 노벨상을 거부했던 작가 파스테르나크는 배우의 입을 빌어 이렇게 말한다.

"네가 네 기억 속으로 아무리 더듬어 볼지라도 네가 너의 아이덴티티를 발견하는 곳은 항상 네 자신이 외적으로 나타난 곳이다. 즉 너의 손재주에서, 너의 가족에게서, 또는 다른 사람들에게서 말이다. 그러니 지금 조심스럽게 귀 기울여라. 타인들 속의 너— 이것이 바로 너의 실체이며 이것이 너의 의식이 숨 쉬어 온 것이고 또 너에 관한 인상이 새겨진 곳이고 또 너의 전 생애, 영혼, 그리고 불멸의 것으로 살아남을 곳이다."

내가 깨닫지 않고서는, 세계 최고의 멘토들에게 들었던 소중한 메시지는 '조언의 이름'으로 던져지는 또 하나의 짐이 될 뿐이라는 생각이 깊어갔다. 이런 의심과 고뇌를 한 번에 날려버리는 계기를 러시아 여행에서 얻게 되었다. 한 장의 그림을 통해서.

〈탕자의 귀환Return of the Prodigal Son〉.

고전학파의 거장 렘브란트가 그린 명작이다. 세계 3대 미술관 중 한 곳이자 러시아가 가장 자랑하는 문화재의 보고, 에르미타주 박물관에 있는 수백만 점의 미술품 가운데서도 단연 돋보이는 작품이다. 루브르 박물관에 〈모나리자〉가 있다면, 에르미타주 박물관에는 〈탕자의 귀환〉이 있다는 말이 있을 정도니까.

나는 〈탕자의 귀환〉 앞에 섰다. 우리에게 친숙한 탕자의 비유. 둘째 아들이 아버지에게 받을 유산을 미리 받아가지고 나가 모두 탕진하고 빈털터리 거지가 되어 돌아온다는, 신약성서 누가복음 15장의 이야기다. 아버지가 탕자를 부둥켜안고 있는 재회 장면을 렘브란트는 특유의 명암법으로 생생하게 부각시키고 있다. 그리움이 겹겹이 쌓인 아버지의 얼굴과 탕자의 모습, 멀찍이 서서 못마땅하게 쳐다보는 큰 아들의

〈탕자의 귀환Return of the Prodigal Son〉

얼굴만이 어두운 배경에서 밝게 부각된다. 탕자는 부드럽게 감싸고 있는 아버지의 두 손에 몸을 맡긴 채 이제 평온을 찾은 듯 무릎을 꿇은 채로 앉아 있다. 헤진 옷과 더럽고 부르튼 발바닥은 탕자의 고된 방황의 흔적을 고스란히 보여주고 있다.

돌아온 동생을 차갑다 못해 싸늘한 눈빛으로 저만치서 내려다보고 있는 형. 그는 사실 이 집안의 유일한 상속자다. 동생은 이미 자신의 상속분을 모두 받아갔으니 모든 재산은 자신의 것이다. 하지만 동생에게 따뜻한 눈길을 보낼 마음의 여유가 없다.

그림 속의 탕자는, 신이 주신 재능으로 막대한 부와 명예를 얻고도 방만한 생활로 말년에 생활고로 신음하던 화가 자신의 모습을 의미하는지도 모른다. 아니면 생에 대한 긴장을 피해 향락을 즐기고 오랜 방황 끝에 돌아온 인간의 남루한 영혼을 보여주려고 했는지도 모른다. 어쩌면 모든 것을 소유했으나 질투와 분노에 휩싸여 있는 형의 차가운 얼굴에서…… 인생의 참 주인이면서도 그것을 누리지 못하는 우리의 어리석음을 알려주려고 했는지 모른다. 렘브란트가 생애 마지막 해 혼신의 힘을 다해 완성했던 이 그림에서 나는 실마리를 찾았다.

언제든 돌아오라는 아버지의 음성처럼, 인생의 풍랑에서 자신의 가치를 잃고 헤매는 나와 당신, 우리 모두에게 회복을 예고하는 부르심으로 들렸다. 그것을 전하기 위해서 내게 대단한 무엇이 필요한 것은 아니었다. 이미 가진 자로서 싸늘하게 내려다보는 큰아들의 눈이 아니라 한없이 받아주시는 아버지의 사랑과 그 자비를 구하는 탕자의 심정이면 된다는 것. 세계적인 영성가 헨리 나우웬이 꼬박 사흘을 앉아 이 명화를 지켜봤다는 그 자리에 서서 밀려오는 감동에 몸을 내맡겼다.

나는 상처 입은 치유자로서 이 책을 풀어가려 한다. 가난과 싸우며 억눌림과 열등감, 좌절감으로 헤매던 나를 치유하고, 운명 속에서 방황하고 있는 당신과 함께 고민하며 그 해결책을 모색하려 한다.

대학 졸업 후 지금까지 참된 성공에 대한 길을 찾고 물었다. 이 책은 그 결과의 일부다. 정상에 선 그들은 어떻게 하면 정상에 도달할 수 있는지 아낌없이 알려주었다. 우리는 스승과 제자가 된 것처럼, 나는 그들에게 가르침을 구하고 그들은 내게 열정적으로 가르침을 전하며 열띤 수업을 했다. 수업 한 번으로 모든 것을 배웠다기보다 그 수업을 준비하기 위해 그들이 쓴 수많은 저작을 읽으면서 내린 결론을 현장에서 확인할 수 있었다.

이 책을 읽는 시간이 당신의 무한한 가치를 발견할 수 있는 '가치 여행'이 되길 바란다. 그리하여 여행이 끝날 때 즈음에는 당신이 목표하는 종착역에 닿기를 간절히 소망한다.

2013. 6
로스앤젤레스
최상태

문제가 문제다. 우리는 어떤 일이 일어나면 습관적으로 묻는다. "무슨 문제 있어요?"라고. 문제는 일이 잘못될 때 생겨난다고 생각한다. 문제를 해결하지 못하면 고통과 불편함을 겪게 되고 때론 생존이 위협받는 경우를 보아왔기 때문이다. 하지만 문제가 꼭 나쁜 것만은 아니다. 새로운 해법을 찾는 과정에서 기존 상태를 뛰어넘는 도약의 기회를 준다.

우리는 역사를 통해 인류가 주어진 수많은 문제를 해결하기 위해 노력했음을 알 수 있다. 그 노력이 기술과 과학의 진보를 가져왔고 철학과 종교의 원천이 되었다. 이는 고전과 경전이라는 결과물로 우리에게 남겨졌다. 지도자들은 교육 제도를 만들어 누구나 문제해결능력을 갖추도록 했다.

하워드 슐츠와의 만남

　지금 우리, 적어도 한국사회가 당면한 문제는 이것이다. 초등학교에 입학해 12년간 혹은 그 이상의 교육과정을 통해 그렇게 치열하게 경쟁하며 배웠는데, 정작 현실에서 쏟아지는 문제에 대한 해결책을 찾지 못하고 있다. 대학을 졸업했지만 치열한 구직 전쟁이 기다리고 있다. 간신히 직장에 들어왔지만 자아 성취와 행복한 인생은 저 멀리 있다. 남보다 앞서는 기술만 배워온 교육의 슬픈 저주는 참다운 해결책을 주지 않는다. 매주, 매달, 매 학기…… 졸업할 때까지 시험지에 나오는 객관식, 주관식 문제를 수없이 풀었지만 인생의 바다에서 작은 문제를 만나도 마치 태풍이라도 만난 것처럼 허둥대고 어려워한다.

　학교는 이런 것을 가르쳐주지 않았다. 우리가 어떻게 목표를 세우고 인생을 성공적으로 설계할 수 있는지를, 나의 강점과 약점을 파악해서

커리어를 쌓을 수 있을지를, 어떻게 내게 맞는 배우자를 만나 행복한 결혼생활을 영위할 수 있는지를, 어떻게 훌륭한 파트너를 만나 이윤 남는 비즈니스를 유지할 수 있는지를, 어떻게 자아실현을 하고 의미 있는 유산을 남길 수 있는지를.

그러나 여기에 또한 희망이 있다. 거울에 성에가 낀 것처럼 희미하게 보이는 세상은 문제를 해결하는 과정을 통해 점차 뚜렷해진다. 그런 점에서 문제는 우리의 인생을 새로운 차원으로 안내하는 인도자다. 전에 보이지 않았던 세상에 눈 뜨게 하며 자신에게 던져진 고난과 인생의 의미를 깨닫게 해주기 때문이다.

니체는 말했다. "왜 살아야 하는지를 아는 사람은 그 어떤 상황도 견뎌낼 수 있다"고. 답을 아는 사람은 그렇지 않은 사람보다 더 오래 견딜 수 있다.

모든 문제에는 해결 방법이 존재한다. 해결 방법이 없는 유일한 경우는 문제가 있다는 사실조차 모를 때다. 질문은 모르는 현상을 인지하려는 노력이다. 답을 찾겠다는 의지가 반영이 된다. 질문은 그만큼 기초적인 것이라도 좋다.

"왜 이렇게 못 사는 거죠. 잘 살려면 어떻게 해야 하죠?"

"대인관계가 왜 이렇게 힘들까요?"

"승진에서 왜 나만 번번이 탈락하는 걸까요?"

"우리 회사는 왜 경쟁력이 없는 걸까요?"

최고의 컨설팅 기업이 프로젝트에 착수하면 가장 먼저 하는 일은 진단이다. 회사의 현재 상태를 점검하고 많은 질문을 던진다. 문제를 제대로 알아야 제대로 된 답과 처방을 줄 수 있어서다. 회사에 열정이 안 생기는 이유가 낮은 연봉이라고 생각했는데 실은 적성이 안 맞았기 때문일 수 있고, 취업이 안 되는 원인이 학벌 등 스펙이 부족하기 때문이라고 생각했는데 사실은 개성 없는 태도가 문제였을 수도 있다.

훌륭한 기자의 자질 중 하나는 질문하는 능력이다. 일반인들은 기자가 글을 잘 쓰는 사람이라는 통념을 갖고 있다. 그러나 유능한 기자일수록 질문하는 능력이 탁월하다. 상대를 코너에 몰아넣고 날이 선 질문을 던진다. 매서운 질문의 칼날을 피해가기란 쉽지 않다. 자칫 엉뚱하게 답했다간 다음날 신문 지면의 헤드라인을 장식하게 된다.

〈워싱턴포스트〉 기자 출신의 말콤 글래드웰Malcolm Gladwell은 질문을 잘하는 기자 중 한 명이다. 그는 저서 《아웃라이어》에서 기존에 알려진 성공의 법칙이 잘못됐다는 것을 질문을 통해 하나씩 파헤친다. 통계와 분석을 통해 사실 속에 있는 오류와 허구를 발가벗긴다. 가장 똑똑하고 영리한 사람이 정상에 오르는 것인 줄 알았는데 의외의 변수가 성공을 결정하고 있다는 사실을 알려준다. 즉 우리는 잘못된 통념에 제대로 된 질문을 던졌을 때 제대로 된 정답을 알게 된다. 우리 앞에 놓인 문제에 질문을 던져 보아야 한다.

문제에는 목적이 있다. 아우슈비츠 죽음의 수용소에서 살아나온 빅터 프랭클Viktor Emile Fankl은 "만약 삶에 어떤 목적이 있다면 시련과 죽음에도 반드시 목적이 있을 것이다"라고 말했다. 시련은 운명과 죽음처럼 우리 삶의 빼놓을 수 없는 한 부분이라는 것이다. 그렇다면 문제를 대하는 우리의 태도도 바뀌어야 할 것이다. 이 문제를 지나고 나면 우리는 더욱 강하게 되고 성장하리라는 것을 알기 때문에.

그러므로 문제를 만날 때 기뻐하고 감사하라. 지금의 내 수준을 한 차원 올려줄 것이다. 일본의 경영의 신으로 불리는 마쓰시타 고노스케松下幸之助는 문제를 대하는 시각이 얼마나 중요한지 알려준다. 그는 사업을 일으킨 비결을 이렇게 설명한 적이 있다.

"나는 하늘이 주신 3가지 은혜 때문에 크게 성공할 수 있었습니다. 첫 번째 은혜는 집이 몹시 가난했습니다. 그 덕분에 나는 어릴 적부터 구두닦이, 신문팔이를 하며 세상을 살아가는 데 필요한 경험을 얻을 수 있었습니다. 또 다른 은혜는 몸이 약했습니다. 그 덕분에 평생 운동에 힘썼으므로 늙어서도 건강하게 지낼 수 있었습니다. 마지막 은혜는 못 배운 것입니다. 초등학교 4학년 때 중퇴하는 바람에 모든 사람을 스승 삼아 질문하며 열심히 배우는 일에 힘썼더니 성공하게 됐습니다."

나 또한 찢어지게 가난한 가정에 태어나 공고와 지방대를 나오지 않았더라면 지금처럼 열심히 살았을까. 내 삶에 닥쳐온 문제들은 지나고 보니 너무도 고마운 디딤돌 같은 존재였다.

지금 이 책을 읽고 있는 이들도 어떤 문제에 직면해 있을 것이다. 진로 문제일 수도 있고 인간관계, 재정, 자녀 교육, 직장 문제일 수도 있다. 친구를 만나 고민을 털어놓고 책을 읽거나 전문가를 만나 세미나에 참석하면서 해결책을 찾으려 한다. 그러나 자신의 능력을 넘어서는 한계 상황이 오면 포기를 하는 경우도 적지 않다.

멘토나 구루의 조언이 필요한 것도 이 때문이다. 자신이 노력해도 해답을 찾을 수 없을 때 비로소 도움이 필요해진다. 아인슈타인이 말했듯 문제가 일어난 차원에서는 문제를 해결할 수 없기 때문이다.

이제, 이 책을 본격적으로 읽기 전에 당신이 직면한 문제를 구체적으로 적어보라. 그리고 그 문제에 답을 줄 한 줄의 해답을 찾으러 이 책을 읽어나가자.

당신이 직면한 문제를 구체적으로 적어보라

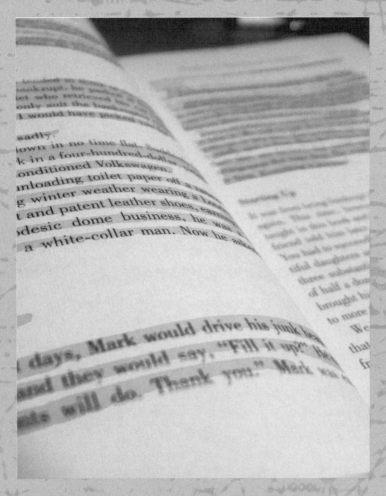

세계 최고의 성공학 작가

잭 캔필드 Jack Canfield

전 세계적인 카운슬러이자 베스트셀러 작가.
《마음을 열어주는 101가지 이야기》, 《내 인생을 바꾼 한 권의 책》 등 다수의 저서를 집필했으며,
마크 빅터 한센과 함께 펴낸 《영혼을 위한 닭고기 수프》는
〈뉴욕타임스〉 190주 연속 베스트셀러라는 경이적인 기록을 세웠다.
1944년 미국 출생.

"바닥에서 보면
문제가
잘 보입니다."

'이대로 한국으로 돌아가야 할까⋯⋯.'

미국에서 처음 머물렀던 곳은 캘리포니아주 샌타바버라, 스페인풍
의 건축양식이 돋보이는 아름다운 소도시였다. 한국에서부터 따라다
니던 지긋지긋한 가난은 이곳에 와서도 나를 놓아주지 않았다. 가지고
온 학비가 떨어져 한국에 돌아가야 하나 말아야 하나, 간다면 언제 가
야 하나 시기를 놓고 고심하던 어느 날, 내 앞으로 소포 하나가 배달
되어 왔다. 보낸 사람은 잭 캔필드.

잭 캔필드는 전 세계에서 1억 부 이상 판매된 베스트셀러 《영혼을
위한 닭고기 수프》의 공저자다. 〈굿모닝 아메리카〉, 〈오프라 윈프리
쇼〉 등 미국 최고 프로그램의 인기 게스트이자 신디케이트 칼럼니스
트, 카운슬러로도 명성이 높다.

떨리는 손으로 소포를 뜯었다. 열어보니 책 한 권이 카드와 함께 들

어 있다. 책 제목은 《Dare to Win》(한국에는 《꿈을 도둑맞은 사람들에게》
로 출간되었다). 카드를 열어보았다. '친애하는 상태에게Dear Sangtae'
로 시작된 카드에는 이렇게 적혀 있었다.

"꿈을 잃지 마세요. 당신이 이토록 간절히 원하면 언젠가는 이
뤄질 겁니다. 다만 그 꿈을 이루기 위해서는 고난의 시간을 통과
할 수도 있습니다. 꼭 이겨내세요."

1년치 생활비만 달랑 들고 미국에 온 후, 그동안 도움을 요청하는 편
지를 200통 넘게 보냈다. 무모하다는 것은 알았지만 뜻이 있는 곳에
길이 있으리라 믿고 시작한 일이었다. 그러나 아무도 내게 답장을 보
내오지 않았고, 좌절감이 밀물처럼 놀려들 즈음 처음으로 답장을 받은
것이다. 그것도 잭 캔필드에게! 실망감에 젖었던 내 가슴은 다시 활활
타올랐다. '그래, 이런 분이 격려의 메시지를 보내주셨으니, 적어도 내
가 하는 일이 아주 미친 짓은 아닐 거야.'

한 손에 들어오는 《Dare to Win》을 펼쳤다. 읽다 보니 노란 형광펜
이 그어진 부분이 있었다. 잭의 동업자이자 이 책의 공동 저자인 마크
한센이 파산선고를 받은 이야기였다. 형광펜은 아래 내용부터 그어져
있었다.

1974년 당시 마크는 스물여섯 살이었다. 그는 뉴욕시에 측지학을 이용한

돔을 연 200만 달러 규모로 짓고 있었다. 짓는 속도만큼이나 빠르게 돔을 팔아 치우면서. 그런데 문제가 생겼다. 중동발 석유 위기가 터진 것이다. 그런데 마크는 PVC, 그러니까 석유화학 제품으로 돔을 만들고 있었다. 그 일을 하기에는 분명 아주 좋지 않은 시기였다.

석유수출국기구OPEC가 결성되자 PVC 제품의 가격은 천정부지로 치솟았다. 마크는 세상의 정상에 거의 다다른 것처럼 보였지만, 하루아침에 곤두박질쳐 판사의 파산 선고를 들어야 하는 처지가 되었다. 파산 처리를 할 돈도 없어서 도서관에서 《스스로 파산하는 법》이라는 책을 빌려봐야 했다.

마크의 일생에서 가장 비참한 시기였다. 1에서 10까지 표시되는 저울이 있다면 −12에 해당하는 때였다. 몸은 시름시름 아파왔고 헛구역질까지 났다. 눈에서는 눈물이 마르지 않았다. 잠깐이었지만 귀도 들리지 않았다. 그는 세상에 거부당한 것 같은 끝없는 절망감에 빠져들었다.

그는 단단한 껍데기 속에 깊숙이, 영원히 들어갈 수밖에 없다고 생각했다. 그러기 위해서는 먼저 세상을 차단해야 했다. 그는 잠자리로 도피했다. 피곤하다고 자신을 세뇌시키며 오후 6시면 잠자리에 들었다. 그는 모든 사람이 자신이 파산했음을, 철저하게 실패자가 되었음을 아는 것이 두려웠다. 그래서 그는 그 같은 현실에서 철저히 도망치려 했다.

그러나 언제까지 회피할 수만은 없는 일. 그는 창문이 깨져 있는 탓에 계속해서 에어컨이 작동하는 400달러짜리 폭스바겐을 타고 겨울의 뉴욕을 돌아다녔다. 얼어붙을 듯한 날씨에 마크는 말쑥한 양복에 런던포그 트렌

치코트를 걸치고 에나멜 가죽 구두를 신은 채 기차 안의 화장실 휴지통을 비웠다. 그리고 그 대가로 시간당 2달러 14센트를 벌었다. 험한 세월을 보내는 동안 자신의 쓰레기 같은 차를 몰고 주유소에 갈 때마다 "가득 채울까요?"라는 물음에 이렇게 답하곤 했다.

"25센트어치만 넣어주세요. 고맙습니다."

그는 부끄러웠고 주유원들은 참을성이 있었다. 어쩌면 그들은 마크가 처한 어려움을 감지했을지도 모른다. 자존심이 구겨질 대로 구겨진 그는 밑바닥에 다다랐다. 하지만 밑바닥 삶은 그에게 전환점이자 가장 큰 기회가 되었다. 파산은 그가 겪었던 최악의 경험이자 최고의 경험이었다. 모든 문제에는 해결 방법이 존재한다. 마크에게 더 나빠질 상황이란 없었다. 밑바닥에서는 모든 것이 위를 향할 뿐이다.

마크는 우울한 상태에 머물러 있지 않고, 노만 빈센트 필 목사와 아이크 목사의 설교를 열심히 들으며 적극적인 사고를 배웠다. 자신의 마음이 파산이라는 현실에 노예처럼 묶여 있음을 깨닫고 그곳에서 탈출한 것이다.[1]

잭 캔필드가 내게 들려주고자 했던 것은 파산 직후 마크가 얻은 깨달음이었다. 즉 모든 문제에는 해결 방법이 존재한다는 것, 밑바

---

1) 《Dare to Win》, 잭 캔필드·마크 한센, 본문 번역은 한국어판에서 인용했다. 《꿈을 도둑맞은 사람들에게》, 현재출판사. pp21~22.

닥에서는 오를 일만 남았다는 메시지였다. 비록 재정적인 후원은 아니었지만 이러한 잭의 조언은 중대한 결정을 내려야 하는 내게 큰 힘이 되어주었다. 결국 인생은 힘들더라도 스스로 일어서야 한다는 것, 누군가의 도움을 잠시 받을 수는 있겠지만 계속 이를 기대해서는 안 된다는 것을 깨달았다. 성공과 그에 따라오는 부는 결국 스스로의 손으로 만들어야 한다.

잭의 메시지에 용기백배한 나는 샌타바버라 생활을 잘 마무리하고 LA로 내려왔다. 그리고 이 깨달음을 잊지 않기 위해 내 나름의 메모를 남겼다.

"바닥에서 보면 문제가 정확하게 보인다. 바닥을 통과하는 동안 일상의 소중함을 깨닫게 되고 쾌락이 주는 피상적인 즐거움을 벗어나 진정한 기쁨의 세계에 들어갈 수 있기 때문이다. 신기하게도 주식 시장이나 부동산 시장은 바닥을 쳤다는 게 확인되는 그 순간부터 오르기 시작한다. 투자자는 불확실성이 걷혔다며 투자할 곳을 찾고, 구매자들은 이제야 내 집을 마련할 최적의 기회라며 살 집을 찾는다.

인간도 마찬가지다. 말할 수 없이 고통스럽다 하더라도 그 바닥을 치고 나면 다시 일어설 수 있는 길이 열린다. 그 바닥을 참고 견디는 동안 마음은 단련되고 정신은 새롭게 변모해 성공의 길을 여는 활력이 된다. 그러니 바닥에 닿는 게 두렵다고 해서 어설픈 희망을 약속해서는 안 된다. 될 대로 되라는 식의 체념도 안 된다. 가만히 바닥에 앉아 실패의 원인을 자기 자신에게서 찾고, 새로운 목표와 꼼꼼한 계획을 세워야 한다. 일상에 감사하고, 가족과 사랑하는 사람에 대한 믿음을 굳건히 키워나가며, 자기 자신의 존재를 긍정적으로 바라봐야 한다. 그래야 실패를 불러왔던 과욕과 교만으로부터 자유로워지고, 지혜의 결핍과 경험의 부족함을 채울 수 있는 분별력과 의지력이 생기기 때문이다.

생각해보라. 역사의 한 획을 그은 이들 중 바닥을 경험하지 않은 사람은 드물다. 성공의 축배를 드는 날, 바닥의 쓰디쓴 기억은 달콤한 추억으로 바뀐다."

자신이 창업한 회사 애플에서 쫓겨나는 수모를 겪었던 고 스티브 잡스는 스탠퍼드대학교 졸업생 앞에서 이렇게 연설했다.

"만약 내가 애플에서 해고되지 않았다면 이 모든 일은 일어나지 않았을 것입니다. 몸에 좋은 약은 입에 씁니다. 인생이 때로는 여러분을 벽돌로 내리치는 것 같다 하더라도 신념을 잃지 말아야 합니다."

한때 실리콘밸리에서 가장 잘나갔던 야심만만한 청년 사업가는 바닥으로 추락하고 나서야 자신에게 던져진 문제를 풀어냈다. 내가 꿈꾸는 제품은 어떻게 개발해야 하는지, 나란 존재의 의미는 무엇인지. 애플에 복귀한 이후의 일은 모두가 아는 대로다.

지금 당신이 도저히 해결할 수 없다고 생각하는 문제에 눌려 있다 하더라도 더 이상 좌절하지 말자. 지금이야말로 새로운 기회가 열릴 차례다.

세계 최고의 자기계발 구루

브라이언 트레이시Brian Tracy

무일푼으로 성공한 자수성가형 백만장자.

세계적인 비즈니스 컨설턴트로 자기계발 코치이자 전문 연설가로 활동중이며,

현재 브라이언 트레이시 인터내셔널 CEO로 있다.

《백만불짜리 습관》, 《위대한 기업의 7가지 경영습관》 등 수많은 저서가

베스트셀러 목록에 이름을 올렸다. 1944년 캐나다 출생.

"배움에 고파하세요.
그러면 결코
굶주리지 않을 겁니다."

Lessons from the TOP

'꿈은 이루어진다'고 했던가. 자기계발 분야의 세계 최고라 일컬어지는 그를 직접 만나는 것은 나의 오랜 열망이었다. 그리고 마침내 그 꿈이 이루어지는 날이 왔다.

그의 이름은 브라이언 트레이시. 1회 강연료로 20만 달러 이상을 받는 세계 최고의 자기계발 구루. 전 세계를 다니며 연 25만 명에게 삶의 지혜를 전하는 동기부여가이자, 〈포춘〉지가 선정한 세계 100대 기업 CEO들의 조언자다. 특히 세일즈 기법, 목표 관리, 시간 관리 등의 분야에서 독보적인 위치를 차지하며 강연 활동과 저서, 강연 DVD 판매를 통해 1인 기업에 가까운 조직으로 연매출 2억 6,500만 달러를 올린다. 한마디로 '대단한 사람'이다. 그런 그가 나를 자택으로 초대한 것이다.

그의 자택은 아름다운 해변이 있는 솔라나비치, LA와 샌디에이고 중간쯤 위치한 해안도시다. LA에서 샌디에이고로 향하는 5번 무료 고속도로는 시원하게 뚫려 있었다. 오랜만에 경쾌한 속도감이 느껴졌다. 태평양에서 불어오는 따뜻한 바람이 기분 좋게 얼굴에 닿았다. 내 마음은 조금 뒤 있을 그와의 만남에 대한 기대감으로 가득 찼다.

로마스 산타페 컨트리 클럽을 지나자 주황색 지붕의 스페인풍 저택이 나왔다. 주차장에 차를 세워두고 초인종을 눌렀다. 문이 열리자 브라이언이 아내와 함께 서 있었다. 책 표지에 자주 등장하는 그의 트레이드 마크인 백발과 단정한 정장차림으로 환한 미소를 지으며 나를 반겨주었다.

"아시안 언론인을 집으로 초대한 것은 당신이 처음입니다."

브라이언은 미소를 지으며 나를 거실로 안내했다. 집 안은 베이지 톤의 인테리어로 화사한 분위기였다. 그는 얼마 전 구강암 수술을 끝내고 회복 중이었다. 수술은 성공적으로 끝났고, 약물 치료를 받고 있다고 했다. 약간 야윈 모습이었지만 내내 활발하게 이야기를 이어갔다. 긍정적이고 강인한 그의 성격이 수술 후유증까지 말끔히 없앤 듯했다. 이번 암 수술이 그의 성공적인 인생에서 최저점일 수 있겠다는 생각이 들어 조심스레 물었더니, 뜻밖의 대답이 돌아왔다.

"그 질문은 많이 받았어요. 제 대답은 '노No'입니다. 저는 20대에 지독한 가난을 겪기도 했지요. 하지만 세계를 두루 돌아보면서 많은 깨달음을 얻게 된 후 항상 최저점이 아닌 최고점을 보며 살고 있어요."

항상 '최고점'을 바라보며 살아간다는 브라이언. 나는 그에게 준비한 질문을 시작했다.

"많은 사람들이 자기계발서를 읽지만 얼마 지나지 않아 실패를 또 다시 반복하는데요."

자기계발의 대가에게 묻는 질문치고는 다소 도발적(?)이었다. 그만큼 임시방편인 자기계발서에 피로를 느끼는 독자들이 많다는 얘기를 하고 싶었다. 사람들은 더 나은 삶을 위해 자기계발서를 읽는다. 읽을 때는 깨달음을 얻고 에너지를 받지만 그 순간만 '반짝'일 뿐, 그 효과가 오래가지 못한다. 그리고 어려움을 만날 때 다시 좌절하고 있는 자신을 보며 패배감을 느낀다.

브라이언은 당연하다는 표정으로 대답했다.

"실패는 아주 정상적인 과정입니다. 새로 창업하는 비즈니스 10개 중 9개가 실패한다고 해요. 자전거 타기를 생각해보세요. 처음에는 누구든지 실패하지만, 포기하지 않고 반복하게 되면 나중에는 잘 타게 되지요. 그 원리와 똑같습니다. 마찬가지로 성공하는 사람은 처음부터 실패를 예상합니다. 보통 사람들은 실패하면 울거나 소리를 지르며 화를 냅니다. 하지만 성공하는 이들은 실패에 바로 대처한 뒤 다시 시작한다는 점이 다릅니다."

그러면서 그는 실패를 경험했을 때 스스로를 실패자라고 규정짓지 않는 것이 중요하다고 했다. 고작 한두 번의 실패를 했을 뿐인데, 평생을 실패자라는 낙인을 안고 살아가는 사람들이 많다며 안타까워했다. '스스로 실패자라고 생각하지 말자.' 나는 그동안 나 자신을 어떻게 대해 왔던가.

"가난한 사람이 빈곤의 굴레를 끊으려면 어떻게 해야 합니까?"

어려서부터 가난과 싸워온 나. 성공학의 대가로 꼽히는 그를 만나면 꼭 하고 싶었던 질문은 바로 이것이었다. 수많은 사람들의 삶을 성공적으로 이끈 그가 가난을 극복하는 어떤 비책을 갖고 있는지 궁금했다.

"지금은 '정보화 시대Age of information'입니다. 배우고 새로운 기술을 익혀 자신을 가치 있게 만드세요. 그렇다면 누구라도 가난의 고리를 끊을 수 있습니다. 나도 돈 한 푼 없는 빈털터리로 시작했습니다. 어떤 부유한 국가도 게으른 빈자를 구제할 수 없어요. 부자들이 세금을 더 내서 가난한 사람들을 구제한다는 말은 항상 솔깃한 유혹이지요. 하지만 그것이 진정한 부를 이루는 방법은 아닙니다. 배움에 고파하세요. 그러면 결코 굶주리지 않을 겁니다."

'배움에 고파하면 결코 굶주리지 않을 것'이라는 그의 대답에서 나는 짜릿함마저 느꼈다. 그것은 브라이언 자신의 이야기였다. 무일푼 실업자였던 그는 판매 기술을 배워 가난에서 벗어났고, 엄청난 매출을 올리는 억만장자이자 세계적인 명강사의 위치에 올라섰다. 이러한 그의 답변은 본질을 꿰뚫고 있었다. 하지만 왠지 반론을 제기하고 싶었다. 가난을 벗어나는 것이 그의 말처럼 간단하다기엔 가난의 중력에 짓눌린 사람들이 너무나 많았기 때문이다.

"하지만 사회적 구조가 빈곤을 양산한다는 학설도 있는데요."

브라이언은 대답했다.

"복잡한 이론으로 설명할 수 있지만, 잘 알고 있는 예를 들어보도록 하겠습니다. 한국에서 온 이민자들이 미국에서 어떻게 성공했는지 보세요. 그들은 돈도, 인맥도 없고 심지어 영어도 잘 못했지만 미국에서 상당한 성공을 일궈냈습니다. 세탁소, 식당, 채소가게 같은 패밀리 비즈니스를 통해 지금은 미국에서 가장 성공한 인종이 되었어요. 게다가 많은 한국인 자녀가 미국 명문대를 졸업해 높은 소득을 올리는 전문직을 갖고 있습니다. 이처럼 무일푼이었던 한국인들이 미국에서 성공한 이유는 무엇일까요. 사회적 구조와 인종, 문화적 차별을 경험할 때 변명과 이유를 대지 않고 열심히 일했고 자녀들을 열심히 가르쳤기 때문입니다. 최근 내 세미나에서 가장 열성적으로 듣는 청중 중에도 한국인 1.5세나 2세가 상당히 많습니다."

허를 찔린 것처럼 잠시 할 말을 잊었다. 그가 미국인도 아닌 한국인 이민자들을 예로 들었기 때문이다. 한국인 이민자들이 가장 많이 산다는 LA에서 기자생활을 하며, 무일푼으로 와서 미국 사람들도 깜짝 놀랄 만한 성공을 거둔 분들을 많이 만난 나로서는 수긍할 수밖에 없었다. '자신을 가치 있게 만들어라.' 나는 그의 말을 속으로 따라 읊조렸다.

브라이언은 가난한 집안에서 태어난 반항심으로 말썽을 일으키는 문제아였고, 결국 고등학교마저 자퇴했다. 변변한 학력과 기술이 없는 그를 반기는 곳은 많지 않았다. 처음으로 한 일은 어느 조그만 호텔의 접시닦이 일. 그러나 일을 못해 해고됐다. 세차장, 제재소, 목장, 공장 등을 전전하며 막노동을 하다 넓은 세상을 경험하고 싶어 북대서양을 오가는 노르웨이 화물선의 선원 생활을 했다. 20대 초반에는 미 전역의 농장을 돌며 수확기 동안 일하고, 헛간 건초더미에서 잠을 자는 떠돌이 노동자가 되었다. 그러나 수확기가 끝나면 또다시 실업자 신세가 되었다. 궁지에 몰린 그는 월급 없이 일정한 수수료를 받는 판매직에 뛰어들었다. 하지만 하루 온종일 물건을 팔아도 하루 숙박비만 근근이 마련하는 일이 비일비재했다. 서른이 다 되었지만 생활은 하나도 바뀌지 않았다.

그렇게 떠돌이 세일즈맨 생활을 하던 어느 날, 브라이언은 그날도 판매하러 갔던 제품을 하나도 팔지 못하고 숙소로 돌아왔다.

'어떻게 해야 이 밑바닥 같은 생활에서 탈출할 수 있을까. 어떻게 하면 내 인생에 변화를 줄 수 있을까.'

침대에 한참을 누워 있던 그는 이런 결론에 이르렀다.

'아무리 과거를 후회해도, 다른 사람을 원망해도 아무런 변화가 생기지 않아. 만약 내 삶에 어떤 변화가 필요하다면 그것은 나로부터 시작되어야 해. 내가 변하지 않는 한 다른 어떤 것도 변하지 않겠지.'

그 순간 브라이언은 인생은 누구도 아닌 자신이 책임져야 한다는 사실을 받아들였다. 그리고 인생을 변화시키기 위한 목표를 세웠다. 그는 다음과 같은 글을 메모해 지갑에 지니고 다녔다.

'나는 내 일과 인생의 사장으로서, 자기 운명의 건축가로서, 무슨 결정이든 마음대로 내릴 수 있다.'

'지금 벌어들이고 있는 것은 스스로 결정한 만큼이며, 그 이상도 그 이하도 아니다.'

'현재 수입이 만족스럽지 않다면 더 많은 돈을 벌겠다는 목표를 설정한 뒤 계획을 세우고, 부지런히 이를 행하겠다.'

그러기 위해서는 일단 배워야 했다. 그것도 최고에게서. 그는 우선 자신이 다니는 회사에서 최고라 인정받는 세일즈맨 피터를 찾아갔다. 피터는 값비싼 옷을 입고 근사한 아파트에 살면서 멋진 차를 몰고 다녔고, 최고급 식당에서 식사를 하고 고액권 지폐를 지갑에 넣고 다녔다. 피터는 찾아온 브라이언에게 물었다. "날마다 어떤 방식으로 판매하고 있죠?"

브라이언은 처음엔 그 말뜻을 이해하지 못했다. 브라이언에게 판매란 그저 돌아다니며 사무실이나 아파트 문을 두드려대는 것이었다. 다행히 말을 들어줄 사람을 만나기라도 하면 상품 소개 책자에 쓰인 대로 줄줄 읊어댔다. "그렇다면 판매 프레젠테이션 방식을 얘기해보세요." 피터는 이렇게 말했다.

이번에도 그가 아무런 답변을 하지 못하자, 피터는 백지를 한 장 꺼내놓고 가망 고객을 정해 몇 가지 질문을 연달아 던졌다. 피터는 고객 입장에서 상품의 이익을 설명하기 시작했고, 항목별로 고객의 동의여부를 하나씩 확인했다. 일반적인 사항에서 구체적인 사항으로, 상품의 특성에서 이익으로 관심을 불러일으킨 다음 구매욕망을 북돋워 판매를 이끌어내는 방식이었다. 브라이언의 입이 벌어졌다.

피터는 그에게 고객과의 약속 방법, 고객의 특성을 파악하는 법, 상품의 장점을 부각시키는 법, 고객의 거부 반응에 효과적으로 대처하는 법, 판매를 완료하는 법 등을 알려주었다. 다음날 피터가 가르쳐준 방법대로 물건을 팔았더니 상당한 성과가 있었다. 파는 방법은 따로 있었다. 브라이언은 그동안 자신이 이 법을 무시한 채 의지와 열정만으로 일했다는 걸 깨닫게 되었다.

몇 달이 지나지 않아 브라이언은 사내 최고의 세일즈맨이 되었다. 그리고 얼마 뒤 다국적 기업으로 스카우트 되어 혁혁한 성과를 올렸다. 세일즈와 마케팅 외에도 부동산 개발과 투자, 컨설팅 분야에서도 눈부신 활약을 펼쳤다. 분야는 달랐지만 배움이 매번 기회의 문을 열어 주었다. 그의 성과에 주목한 기업들이 줄줄이 강연을 요청하면서 브라이언은 본격적인 강연가의 길로 나서게 되었다.

많은 사람들은 여전히 과거의 불행한 경험들에 대해 불평을 늘어놓으면서, 자기 문제를 남 탓, 환경 탓으로 떠넘기고 있다. 20년 전이나

30년 전, 심지어는 40년 전에 부모가 자신에게 무슨 일을 했다고 또는 하지 않았다고 아직까지 화가 나 있다. 과거에 사로잡혀 있으면 결코 자유로워질 수 없다. 원치 않는 상태를 탈출하려면 이런 주문이 필요하다. "내 인생에 대한 책임은 나에게 있다. 내 행복에 대한 책임도 내게 있다." 그렇게 말하기 전까지 그 족쇄는 결코 풀리지 않는다.

"브라이언, 당신은 성공을 어떻게 정의하세요?"

그는 잠시도 머뭇거리지 않고 확신에 찬 목소리로 말했다.

"내가 생각하는 성공이란 당신이 가장 즐기는 일을, 당신이 존경하는 사람들 속에서, 원하는 방식으로 할 수 있는 것입니다."

내 안에서 나지막한 탄성이 터져 나왔다. 많은 사람들을 만나 성공에 대한 정의를 들었지만 이처럼 명쾌하고 분명한 대답은 듣지 못했다. 그는 말을 이었다.

"또한 성공의 중요한 기준은 행복입니다. 그것은 어떤 일을 한 결과입니다. 그 일을 잘하게 되면 행복지수가 상승합니다. 인간관계도 중요하지요. 한 연구에 따르면 행복의 85%가 배우자, 자녀, 친구, 동료직원 등과의 관계에서 온다고 합니다. 건강과 재정적인 안정감도 성공의 중요한 요소입니다. 벌어서 저축하고 경제적 안정을 느낄 때 더 행복합니다."

"그럼 어떻게 해야 이런 성공을 이룰 수 있을까요?"

"가장 먼저 목표를 세워야 해요. 한 낯선 대도시로 가서 특정한 집

"목표는 지도나 도로 표지판처럼
무언가를 성취할 수 있도록 안내해주는 역할을 합니다.
성공에 이르는 단 하나의 길을 말하라면, 전 '목표를 세워라' 라고 말하죠.
우수하고 똑똑한 사람들이 인생을 열심히 살고 있는데도
성취하지 못하는 이유 중 하나가 목표 없이 달리기 때문입니다."

"Having a goal is like having a map or a road sign to guide you to your destination.
If I had to name one thing that helps people become successful, it would be setting a goal.
Many smart and accomplished people strive to do their best in their everyday lives
but some still fall short of achieving success.
One of the reasons is because they did not have a goal."

이나 사무실로 찾아간다고 해보세요. 단 한 장의 사진만 들고서. 지도나 도로 표지판 없이 그 곳으로 찾아가기까지 얼마나 오랜 시간이 걸릴까요. 아마 평생이 걸려도 못 찾을지도 모르죠. 목표는 지도나 도로 표지판처럼 무언가를 성취할 수 있도록 안내해주는 역할을 합니다. 얼마나 갔는지, 방향은 맞는지 목표에 비춰보면 알게 됩니다. 성공에 이르는 단 하나의 길을 말하라면, 전 '목표를 세워라'라고 말하죠. 목표는 그만큼 중요해요. 우수하고 똑똑한 사람들이 인생을 열심히 살고 있는데도 성취하지 못하는 이유 중 하나가 목표 없이 달리기 때문입니다."

그는 '상응의 법칙Law of Correspondence'을 강조했다. 경험이라는 외부 세계는 목표라는 내부 세계와 일치하고 조화를 이룬다. 항상 명확한 주목적에 대해 생각하고 이야기하며 그것을 이루기 위해 노력할 때, 외부 세계는 마치 거울처럼 이것을 비춰준다는 설명이었다.

목표는 인생이라는 여행을 떠날 때 만나는 도로의 이정표와 같다는 말에 공감이 가면서도 이런 의문이 들었다. 매년 새해가 되면 목표를 세우지만 한 달, 두 달 지나면 물거품이 되는 경우가 얼마나 많은가. 대학에 들어가서, 직장에 들어가서, 결혼생활을 시작하면서 세운 목표도 마찬가지다. 왜 우리는 실패를 하는 걸까.

"목표가 제대로 작동하려면 중요한 조건이 필요해요. 바로 자기인식 Self-concept과 자존감Self-esteem입니다. 내 첫 강연에 모인 청중은 고작 일곱 명이었어요. 물론 지금은 2만 명을 넘기도 하지요. 중요한 것은 일곱 명 앞에서 강의할 때도 나를 실패자라고 단정하지 않는 자기인식입니다."

그의 이야기에 따르면 세상에서 가장 중요한 사람은 바로 나 자신이다. 스스로를 중요하다고 생각하면 자신을 더 좋아하게 되고, 자신을 좋아하게 될수록 스스로에 대해 더 큰 목표를 설정할 수 있게 된다. 더나아가 나를 좋아하는 만큼 남도 더 좋아하게 된다. 그러면 남도 자신을 좋아하게 되고, 비즈니스를 같이 할 기회도 많이 생긴다. 다시 말해 자신의 가치가 얼마나 중요한지 깨달아야 목표를 이룰 수 있다는 것이다.

그러고 보면 많은 사람들이 자신을 항상 개선의 대상으로 취급한다. '좀 더 잘해보자', '좀 더 열심히 해보자'라며 자신을 독려한다. 그러나 그 이면을 들여다 보면 '넌 뭔가 부족해', '지금의 너 자신 그대로를 좋아하지 않아'라는 무의식적인 메시지가 담겨 있다. 잘하면 당연하게 여기고 못하면 스스로를 몰아붙인다. 그러다 보니 행복하다고 느끼기 어려운 것이다. 브라이언은 말을 이어갔다.

"세일즈 기법에도 자기인식을 이용하는 방법이 있습니다. 고객만 만나면 긴장하는 초보 판매원에게 자신을 부자라고 생각하도록 가르칩니다. 지금 고객과 하고 있는 거래가 당신의 실적이나 보너스에 전혀 영향을 미치지 않는다고 생각해보세요. 보다 편안하고 자신감 있게 고객을 대할 수 있게 됩니다.

자신을 중요한 사람처럼 대해주세요. 그리고 성공한 사람처럼 사세요. 그러면 성공이 찾아옵니다."

어려운 이야기였다. 성공하지 않는 사람이 어떻게 성공한 것처럼 살 수 있는 것일까. 혹시 '체', '척'하는 사람들, 겉만 부풀린 위선자처럼 살아가지는 않을까라는 생각이 들었다. 그런가 하면 자기계발서를 읽고 있는 사람 중 상당수는 얼마 뒤 예전의 나로 돌아간다. 전보다 더 실패감을 느낀 채.

"그렇다면 자존감이 낮은 사람은 어떻게 해야 하나요."

"스스로 당신을 위한 치어리더가 돼야 합니다. 친구가 와서 어떤 일을 실패했다고 말했을 때 어떤 반응을 보입니까. '그까짓 것, 별거 아니잖아. 다음에 잘하면 되잖아. 괜찮아. 최선을 다했잖아'라는 말들로 위로를 하잖아요."

브라이언은 동의를 구하듯 내 얼굴을 바라보았다.

"하지만 자존감이 낮은 사람은 실패하면 자신에게 혹독한 비난을 퍼붓거나 자책을 하죠. '이런 멍청이. 내가 그럴 줄 알았다', '바보야, 이런 걸 실패하다니 정말 한심하다', '앞으로 남들이 얼마나 손가락질하겠어' 이런 말로 자신을 깎아내리기 일쑤입니다. 그런 말 대신에 따뜻한 말로 위로해주세요. 잘한 일이 있을 때는 친구들에게 하듯 격려해주세요. 스스로를 위해 치어리더가 되어야 합니다."

듣고 보니 그랬다. 실패한 나를 향해 따뜻한 말을 해준 적이 얼마나 됐나. 스스로를 격려하기 위해 토닥토닥 어깨를 두드리며 '괜찮아, 다음에 잘하면 되잖아'라고 말해본 적이 있었던가. 생각해보니 성취를 해도 내 자신을 인정하는 데엔 인색했다. 그건 겸손이 아니라 낮은 자존감에서 온 것이었다.

"어떻게 치어리더가 되어야 하냐고요? 먼저 자신을 긍정적으로 칭찬하는 습관부터 길러야 합니다. 한 대학의 연구에 따르면 개인이 느끼는 감정의 95%는 자신을 어떻게 말하는가에 달렸다고 해요. 틈나는 대로 자신에게 '나는 할 수 있다', '나는 최고다', '나는 내 일을 사랑한다' 등의 말을 해보세요. 많은 사람이 이렇게 자신을 '치어 업Cheer up'하기보다 자신이 처한 문제와 자신이 부러워하는 사람들, 재정적인 어려움, 짜증나는 교통체증 등을 생각하면서 스스로 불행하다고 느끼고 있답니다."

인생을 불행하게 사는 사람들은 문제에 디 집중하는 경향이 있는 듯했다. 자신에게 찾아온 축복보다 문제를 더 오랫동안 생각했다. 그러다 보니 감사보다는 불평을 쏟아내고, 칭찬보다는 날카로운 비판을 쏟아내기 일쑤였다. 걸어서 회사에 간다면 건강한 두 다리가 있다는 사실에 감사하기보다 차가 없음을 한탄한다. 차를 운전하게 되면 이를 감사하기보다 내 차 앞을 지나치는 더 좋은 차를 부러워하는 경우가 얼마나 많은가.

브라이언의 가르침은 실용적이고 실천적이다. 작동하지 않는 이론을 가르치기보다 본인이 직접 적용하고 실천한 내용을 가르친다. 그래서 즉각적인 변화를 갖고 온다. 브라이언은 한 번의 세미나, 한 권의 책, 한 편의 오디오 등을 통해 자신의 이야기를 듣고 읽으며 얻게 된 아이디어를 실천했더니 생활수준이 바뀔 만큼 수입이 늘어났다는 사람을 수도 없이 만났다는 사실을 강조했다.

"어떻게 해야 지금 벌고 있는 수입보다 더 많이 벌 수 있을까요."

"창의적인 사람이 돼야 합니다. 부가가치를 높이는 일을 해야 하고, 새로운 아이디어와 네트워크를 개발해야 합니다. 현재 일이 가치를 더 이상 올릴 수 없다면 업종을 바꾸어야 해요."

즉 연봉상한선이 있는 직종에서는 아무리 열심히 일해도 그 이상의 돈을 받기 어렵다는 얘기다. 하지만 똑같은 직종이라도 창의적인 생각을 통해 바꾼다면 수입을 늘릴 수 있다며 설명을 이어갔다.

"내 세미나에 참석한 청중 가운데 청소 일을 하는 분이 있었어요. 그는 강연을 들은 뒤 어떻게 해야 자신의 가치를 올릴까 고민하다 다양한 종류의 청소기와 세제 사용 방법을 익혀나갔습니다. 다니던 회사에서 인정을 받았고 수차례 승진을 거듭했습니다. 지금은 텍사스 휴스턴에서 300명의 직원을 둔 상업용 건물 청소업체 CEO가 됐지요. 또 다른 참석자는 얼마 전 내게 메일을 보내왔어요. IBM에서 짐을 나르던 분이었지요. 그는 소프트웨어 사용법을 익혀 엔지니어로 취업했다고 합니다. 지금은 디렉터가 되었는데, 짐을 나를 때 받던 임금의 일곱 배를 받게 됐다고 감사 메일을 보내왔더군요."

그의 표정은 편안했다. 자신을 넘어 다른 사람의 인생에 긍정적인

영향을 주고 있는 삶, 타인의 성공을 자신의 일처럼 기뻐하는 모습이
아름다웠다.

　한국의 대학 진학률은 85%가 넘고, 대학을 졸업하면 치열한 구직
전쟁에 나서야 한다. 해외어학연수나 인턴과정은 이제 필수코스처럼
자리 잡고 있고, 토플·토익 고득점, 봉사활동, ○○대회 입상 경력이
있어야 몇십, 혹은 몇백 대가 넘는 경쟁을 통과할 수 있다고들 한다.
최근엔 명문대 졸업생 중에서도 인턴 경험을 쌓기 위해 해외로 나오는
경우가 상당히 많아졌다.

　브라이언은 대학 그 자체보다는 끊임없는 배움이 더 중요하다고 강
조했다. 성공을 위해서 명문대 입학이나 높은 학력은 부수적인 것으로
봤다. 미국에서도 대학을 졸입하고서 택시를 운선하는 사람들의 비율
이 갈수록 높아진다는 사실을 예로 들기도 했다.

　"당신을 지속적으로 성장시켜야 해요. 성장하지 않으면 퇴보하
는 겁니다. 아무도 제자리에 있는 사람은 없어요. 운동선수가 훈련
을 중단하면 어떻게 될까요. 그 능력이 그대로 있을까요. 아닙니다. 잘
훈련된 운동선수라 하더라도 72시간 뒤부터는 운동 능력이 감소하기
시작한다는 연구 결과가 있어요.

　멘탈 피트니스Mental fitness도 마찬가지입니다. 배우는 것이 운
동하는 것입니다. 배우지 않으면 지적 능력이 퇴보한다고 보면 됩
니다. 80대 20 법칙을 연구한 한 학자에 따르면 하위 80%의 사

람들은 10년간 새로운 기술을 배우지 않는다고 합니다. 왜 그들의 수입이 낮은지 이해할 수 있겠지요."

브라이언은 지금도 새로운 아이디어를 얻기 위해 하루 평균 3시간 이상의 독서를 하고 있다고 했다. 출장이 잦아 비행기를 탈 때가 많은데, 기내에서는 오히려 5~6시간씩 책에 집중할 수 있어서 좋다고 했다. 꾸준히 배움의 샘을 파다 보면 지혜의 물이 계속 흘러나올 뿐 아니라 더 깊어진다는 진리를 그를 보면서 알 수 있었다. '성장하지 않으면 퇴보한다.' 그의 주장은 명료했다. 제자리에 있는 것만으로는 부족하다는 이야기였다.

하지만 성장은 곧 경쟁을 의미하지 않는가. 평범한 직장인들은 하루 8시간으로 근무가 끝나는 경우가 드물다. 심지어 12시간 이상을 회사 업무에 쏟는 직장인을 많이 보아왔다. 업무는 과중하지만 퇴근 후에도 회식이다 뭐다 참여해야 해서 개인 생활을 마음대로 활용하지 못하는 경우가 많다. 이런 과정을 거치며 승진의 사다리는 한 계단씩 올라가지만 정작 스스로는 불행하다고 느끼는 사람들이 얼마나 많은가. '이같은 치열한 경쟁을 꼭 해야 할까', '개인의 행복을 위한다면 경쟁 없는 사회를 지향해야 하지 않을까'라는 의문이 들었다.

"끝없는 경쟁과 개인 행복을 어떻게 조화시킬 수 있을까요."

그리자 브라이언은 "경쟁은 자연의 법칙입니다"라고 답했다. 다소 의외였다. 개인 행복을 강조할 줄 알았는데, 경쟁은 변치 않는 당연한 법칙이라고 말하고 있어서였다. 그는 부연 설명을 했다.

"스포츠를 하면 경쟁을 해야 합니다. 우수한 음악가가 되려면 치열한 오디션을 거쳐야 합니다. 이 과정 없이는 탁월함을 얻을 수 없습니다. 물론 이 과정에서 스트레스를 겪을 순 있지만 이마저도 극복해야 합니다. 경쟁은 자연의 법칙입니다."

자연의 법칙이라 함은 바꿀 수 없는 원리라는 얘기다. 하지만 행복하기 위해서는 제대로 된 경쟁을 하면서 자신의 적성을 찾는 것이 중요하다는 조언을 잊지 않았다.

"높은 성과를 내면서 행복하게 일하려면 자신에게 맞는 일을 하는 게 좋아요. 자신의 재능과 기술, 욕구에 맞는 일자리를 찾아 열심히 일하면 큰 스트레스 없이 성과를 거둘 수 있습니다. 단 어떤 직업도 당신이 잘하기 전에는 즐길 수 없음을 명심하세요. 한 분야에서 5~7년간 열심히 일하다 보면 익숙하게 되고 잘하게 됩니다. 그전에 직장을 자주 옮기다 보면 재미없이 힘든 일만 하게 되는 경우가 많을 겁니다.

나는 '타이거 맘' 에이미 추아Amy Chua 예일대 교수의 이 말을 좋아합니다. '잘하게 되기 전까지는 결코 재미가 없다Nothing is fun until you are good at it.' 악기나 운동, 학업까지 모두 해당되는 말입니다. 잘하게 되면 자존감도 저절로 상승하게 됩니다."

'타이거 맘'이란 엄격한 자녀 훈육 방식을 고집하는 부모를 가리키는 말이다. 에이미 추아 예일대 로스쿨 교수가 책 《타이거 마더》를 펴

내면서 '타이거 맘'이라는 단어를 사용해 찬반 논란을 일으켰다. 그녀의 말에 따르면 어려서부터 치열한 경쟁을 시켜야 하고 이를 통해 아이들의 재능이 개발된다는 주장이다.

익숙하기 전까지는 모든 과정이 고통스럽다. 그 과정을 지나면 자유롭게 된다. 갓 운전면허증을 딴 사람에게 운전은 얼마나 힘든가. 거리의 모든 차들이 나를 위협하듯 지나친다. 하지만 익숙해지고 나면 이렇게 쉬운 운전을 그때는 왜 그렇게 식은땀을 흘릴 정도로 어려워했는지 이해가 잘 가지 않는다. 처음 스키를 배울 때도 마찬가지다. 자꾸 넘어지다 보면 경사진 언덕만 봐도 가슴이 벌렁거리고 두려움을 느낀다. 스키를 타고 안 넘어지려 신경을 곤두세우다 보면 스릴을 느끼기보다는 피곤함으로 온몸이 쉽게 녹초가 된다. 하지만 잘 타게 되면 재미와 스릴을 느껴 더 타고 싶어진다. 선순환의 힘을 경험하게 되는 것이다.

브라이언은 모든 분야에서 뛰어난 동기부여 강사이지만 특히 시간관리에서 세계적인 명성을 얻고 있다. 그에게 시간 관리 노하우를 묻지 않을 수 없었다.

"바쁜 현대인을 위한 시간관리의 원칙 하나를 알려주세요."

그는 '3의 법칙Law of three'을 소개했다

"'3의 법칙'을 알려드릴게요. 세 가지 핵심 작업Task에 따라 인생이 결정된다는 법칙입니다. 먼저 내가 할 수 있는 핵심적인 일

세 가지가 뭔지 스스로 물어보세요. 어떤 일이 내게 가장 도움이 되고 있는지 판단하세요. 그리고 매일 그 세 가지를 위해 일하세요. 그리고 나머지 일들은 하지 마세요. 3일만 지나도 당신이 성장했다는 것을 알 수 있을 겁니다. 이 법칙을 수십 년간 내 인생에 적용했더니 무일푼에서 억만장자가 되었습니다."

말을 끝낸 그가 빙그레 웃었다. 그리고 실행방법을 직접 설명했다. 일단 종이 한 장을 꺼낸다. 자신이 하고 있는 일에 가장 큰 영향을 미칠 세 가지 일을 써본다. 그리고 각각의 일에 대해 구체적인 활동 세 가지를 쓴다. 매일 아침 일어나 이 세 가지 일 목록을 보고 먼저 한다. 세 가지 중 하나가 이뤄지면 또 다른 하나를 추가한다.

그의 저서 《개구리를 먹어라!》에도 '시테크'의 1인자가 되기 위한 방법이 소개되어 있다. 아침에 일어나면 '개구리'부터 먼저 먹으라는 것. 여기서 개구리는 '하기 싫지만 해야 할 중요한 일'을 말한다. 개구리를 먹는 방법을 배운다면, 즉 하기 싫지만 중요한 일부터 하는 습관을 들인다면 누구나 성공적인 인생을 살아갈 수 있다는 것이다.

정리하자면 3의 법칙이란 가장 중요하면서도 핵심적인 일을 그때마다 처리하라는 것이다. 이미 대가의 반열에 올라선 그이지만 이 3의 법칙을 통해 매년 우선순위를 성취하고 있다고 했다. 그는 목표를 세워 분기별 한 권씩, 매년 4권의 책을 내고 있다. 지금까지 브라이언이 낸 책은 모두 50여 권. 대표작인 《잠들어 있는 시간을 깨워라》, 《판매의 심리학》, 《세일즈 끝내기 기법》 등 대부분이 〈뉴욕타임스〉가 선정한 베스트셀러 목록에 올랐다.

예정된 시간보다 많은 시간이 흘렀다. 태평양을 붉게 물들이고 있는 노을이 창가에 비쳤다. 그는 돌아가는 나를 문 앞까지 나와 배웅해주었다.

"필요한 게 있으면 언제든 연락하세요. 더 질문할 게 있으면 이메일을 보내시고요."

LA로 돌아오는 차 안에서야 브라이언을 직접 만났다는 사실을 비로소 실감할 수 있었다. 그의 모든 저작을 읽지는 못했지만 한글 번역본은 거의 섭렵한 뒤 만났다. 그의 책을 읽는 내내 브라이언은 자기계발과 관련된 수많은 법칙을 집대성한 대가라는 생각이 들었다. 왜 그는 이 많은 법칙을 연구했을까.

그의 설명은 이러했다. 자연에는 무수한 법칙이 존재한다. 중력의 법칙, 가속도의 법칙 등 이 법칙은 감정이나 기분에 따라 바뀌지 않는다. 신념으로 변화시킬 수 있는 것도 아니다. 우리가 살아가는 데에도 이러한 법칙들이 있다. 그중에서도 '인과의 법칙'은 세상을 움직이는 원리인 만큼 이를 알고 적용하는 것이 중요하다고 했다. 그 인과의 법칙은 내게도 적용된다. 나를 가꾸고 사랑하는 만큼 내가 할 수 있는 일도 많아진다.

당신은 자신에게 치어리더인가? 예리한 비평가인가? 가치 있는 성공을 위해 목표를 세우고 도전해나갈 때는 누구보다 당신 자신이 치어리더가 되어야 한다. 당신이 원치 않아도 비판을 쏟아놓을 다수는 언제 어디든 있으니까.

세계 최고의 이그나이터

데이비드 김David Kim

기업회생 전문가. 백만장자.
바하 프레시 등 7개 레스토랑 체인과 투자전문회사를 포함
모두 10여 개의 계열사를 직간접적으로 운영하고 있다.
CBS방송 인기프로그램 〈언더커버 보스Undercover Boss〉에
동양인 최초로 출연, 전국적 명성을 얻었다. 1969년 한국 출생.

"액션 없이는 어떤 것도
점화시킬 수 없지요."

Lessons from the TOP

가난을 증오하던 중학생이 있었다. 한때 고위 공무원으로 존경받던 부모님을 거리의 좌판으로 내몬 주범이 바로 가난이었으니까. 사랑하는 부모님이 고생하는 모습을 곁에서 지켜본 그는 돈을 많이 버는 부자가 되겠다는 목표를 세웠다.

고등학교에 진학한 학생은 자신이 살고 있는 도시에서 가장 유명한 억만장자를 만나려고 했다. 억만장자는 돈이 많으니까 그를 만나면 돈 버는 법을 배울 수 있으리라고 순진하게 생각했던 것이다. 억만장자의 회사 주소와 전화를 알아내어 편지를 보내고 메시지를 남겼다. 하지만 답장이 온 적은 없었다.

한 번은 우연히 전화를 걸었다가 비서실 직원과 통화가 된 적이 있었다. 하지만 상대가 고등학생이라는 걸 알자 직원은 대뜸 "그분은 너를 모르고 만날 이유도 전혀 없어. 아무리 연락해도 안 될 거야"라며 쌀쌀맞게 전화를 끊었다. 하지만 학생은 수년간 꾸준히 잊지 않고 연락을 했다. 그리고 그 억만장자가 어떤 비즈니스를 사고파는지 꾸준히 관심을 갖고 지켜봤다.

20여 년이 지난 뒤, 그 학생은 사업에 성공해 백만장자가 되었다. 주변에 억만장자 친구들도 몇 명 두게 되었다. 어느 날 한 파티에 참석했는데, 유난히 한 이름이 눈에 띄었다. 학창시절 그가 그토록 만나고 싶어 하던 그 억만장자였던 것이다.

그는 억만장자에게 악수를 청하며 인사를 건넸다.

"당신은 절 모르시겠지만, 전 당신을 잘 알고 있습니다."

"누구시죠? 죄송합니다만, 잘 기억이 나질 않네요."

"아마 모르실 겁니다. 20년 동안 연락을 드렸는데 이제야 만나게 되는군요."

그 억만장자는 젊은이를 보며 이름을 기억하려고 애썼다. 그러는 사이 청년은 억만장자의 경력과 소유 회사의 변동, 최근 활동까지 줄줄이 읊었다. 억만장자의 얼굴에는 놀라움이 가득 찼다.

청년은 고등학생 시절부터 만나고 싶었던 자신의 사정을 설명했다. 그러면서 물었다.

"회장님, 오늘은 시간이 있으신가요?"

억만장자는 즉시 비서를 불러 예정된 스케줄을 모두 취소시켰다. 그리고 자리에 앉아 밤이 깊도록 이야기를 나눴다. 집안 이야기부터 현재 진행하고 있는 사업, 미래의 사업구상까지 폭넓게 대화를 했다. 둘은 너무도 잘 통했다. 억만장자는 자신이 사업을 하면서 얻은 판단력과 통찰력을 전수하며, 더 크게 사업하는 방법을 알려주었다. 그날 이후 억만장자는 청년의 가장 강력한 후원자이자 사업 파트너가 되었다. 백만장자 청년은 그 후 몇 번의 실패를 거쳐 연매출 수억 달러를 올리는 기업의 회장이 되었다. 20년을 기다렸던 수고는 그에게 충분한 보상을 가져다주었다.

이 이야기는 실화다. 어려서부터 사업에 뛰어들어 성공을 거둔 데이비드 김 회장의 이야기다. 김 회장은 멕시칸 패스트푸드점 '바하 프레쉬Baja Fresh'를 비롯해 '라 살사 프레쉬La Salsa Fresh', '멕시칸 그릴Maxican Grill', '스위트 팩토리Sweet Factory', '시너본 베이커리Cinnabon Bakery' 등 7개 레스토랑 체인과 투자전문회사인 캘리버 캐피털Caliber Capital 그룹을 포함해 모두 10여 개의 계열사를 직간접적으로 운영하고 있다. 그는 전통적인 경영자라기보다 기업회생 전문가에 가깝다. 망해가는 회사를 인수해 흑자를 내고 기업 가치를 끌어올려 파는 CEO다. 그래서 전광석화와 같은 판단력과 발 빠른 액션이 몸에 배어 있다.

데이비드는 미국에서 유명한 한국인 CEO 중 한 명이다. 그는 2011년 미국 대기업 회장들이 직접 출연하는 CBS 인기 프로그램 〈언더커버 보스Undercover Boss〉에 나와 미 전역에서 선풍적인 호응을 얻었다. MGM 그랜드 호텔, 나스카NASCAR, 서브웨이Subway, 시카고 컵스 등

쟁쟁한 기업의 CEO가 출연했으며, 동양인으로서는 첫 출연이었다. 대형 레스토랑 체인기업 바하 프레시 CEO인 그가 직원으로 변장해 어려움을 겪고 있는 자사 직원의 소원을 이뤄주며 시청자들의 심금을 울렸다.

처음 나와 그의 만남은 기자와 성공한 CEO로서 이루어졌다. 나는 만남이 지속될수록 그의 인간적인 매력과 열정에 푹 빠져버렸다. 데이비드는 〈언더커버 보스〉 출연 이후 미 전역에서 쇄도하는 강연 요청에 바쁜 나날을 보내고 있었다. 미국인들은 경기 침체 속에서 백인이 아닌 소수계인 아시안 사업가가 실패와 좌절 속에서 굴하지 않고 지속적으로 도전하며 성공을 이뤄낸 것을 보며 큰 감명을 받았다. 그는 비즈니스 성공 비결을 일러달라는 미국 기업가들의 요청으로 억만장자의 성공 원칙을 담은 책을 펴내기도 했다.[2]

실은 이 책이 나오게 된 것도 전적으로 그의 덕택이다. LA 코리아타운에 있는 '황태자Prince'라는 레스토랑에서 김 회장을 만난 적이 있다. 그는 "최 기자가 세계적인 구루들에게 한 질문은 보통 사람들이 누구나 살면서 겪게 되는 문제입니다. 정상에 오른 세계 최고의 구루들이

---

2) 데이비드 김 회장의 책은 아마존에서 찾을 수 있다. 《Ignite!-The 12 Values That fuel Billionaire success》, David Kim으로 검색하면 된다.

당신에게 들려준 지혜로운 조언을·나눠보세요. 많은 사람들에게 유익한 도움이 될 겁니다"라며 격려했다.

"당장 써보세요. 책을 쓰면 제가 직접 추천사를 써줄 겁니다."

그의 말은 내게 구체적인 액션 플랜을 제공했다. 오랫동안 생각해오던 주제였지만 그의 말은 내게 강력한 도전이 되었다.

그의 별명은 '이그나이터Ignitor', 점화자다. 아무리 많은 기름을 붓는다고 해도 불꽃 없이는 결코 불이 붙지 않는다는 게 그의 지론이었다. 그 불꽃은 바로 액션이다. "행동하지 않으면 어떤 것도 이룰 수 없지요." 20대 초반에 백만장자가 된 그의 말에 깊은 내공이 묻어났다.

그가 젊은 나이에 '비즈니스의 귀재'가 된 것은 중학생 시절부터 비즈니스에 뛰어들었기 때문이다. 볼리비아, 파라과이 대사를 지낸 부친이 박정희 대통령 서거 이후 강제 퇴직하자, 그는 부모를 따라 열두 살 때 미국으로 이민을 왔다.

어느 날 새벽 장사를 나가는 부모를 따라 벼룩시장에 도착한 그는 장난감을 파는 부모의 모습을 보고 충격에 휩싸인다. '대사가 되어 전 세계를 다니며 존경 받으시던 우리 부모님이 이렇게 됐구나.' 그리고 그날 다시는 부모님이 고생하시지 않도록 돈을 벌어야겠다고 결심했다. 어린 소년은 손에 팽이를 들고 목소리가 터지도록 외쳤다. "팽이 사세요!" 꼬마의 당찬 세일즈에 사람들은 앞 다퉈 팽이를 사줬다. 팽이는 다 팔렸고 그는 손에 132달러를 쥐었다. 몇 주간의 식료품비에 해당하는 큰 액수였다.

그날이 그에겐 사업 입문의 날이었다. 그는 학교가 끝나면 아르바이트를 했고, 주말에는 장사를 했다. 패밀리 레스토랑에서 야간 설거지 보조와 웨이터로 일하기도 했으며, 고등학교 때는 부동산 브로커 라이선스를 따 인도네시아 재벌 친구와 함께 집을 뜯어 고쳐 새로 파는 사업을 했다. 그리고 마침내 22살 때 레스토랑 20개를 소유한 백만장자가 됐다. 그 이후에도 많은 도전을 이겨내고 파산과 재기를 수없이 하면서 실전 노하우를 다졌다.

"캄캄할 때 집에서 나오고 들어갔던 기억밖에 없어요. 안 해본 일이 없고, 그래서 내겐 사춘기가 없었지요. 운이 좋아서 백만장자가 될 수도 있지만 성실과 하드워킹Hard working의 정신 없이는 그 부를 유지하기 어렵습니다."

그에 따르면 성실과 하드워킹은 아무리 강조해도 지나치지 않은 기본 중의 기본이다. 이런 기본은 고난이 닥칠 때 견디는 힘을 발휘하게 해준다. 비행기는 하늘로 이륙하기 위해 활주로를 빠른 속도로 달린다. 연료의 엄청난 양의 연료를 쏟아부으며 빠른 속도로 달려가지만 아직 몸체는 뜨지 않고 흔들리기만 하는 그 시기를 버티게 해주는 힘이라고 했다.

또한 데이비드는 형식상의 졸업장보다 실질적인 배움을 강조했다.

캘리포니아 주립대CSU 경영학과에 입학했지만 실제 비즈니스 대신 이론만 가르치는 교수들에게 질려 3학년 때 자퇴한 이유도 그 때문이라고 했다.

"경영학 수업을 듣고 있는데 교수님이 비즈니스하는 방법 대신 소송을 하거나 피하는 방법만 알려주는 게 아니겠어요. '교수님, 그렇게 해서는 비즈니스에서 성공할 수 없어요'라고 한마디 했더니 안색이 바뀌며 흥분하시더라고요. '데이비드, 내 수업을 안 들을 권리도 있다'고 하시면서요. 그래서 그 길로 나와 자퇴했습니다. 그 당시 이미 몇 개의 비즈니스를 성공적으로 키워낸 내 경험에 비추어 보았을 때 너무 학구적인 이야기만 늘어놓는 것을 참을 수가 없었죠."

애지중지하던 자식이 대학을 자퇴한다니 부모의 만류가 심했다. 한국에서 엘리트 코스를 밟은데다 자녀 교육을 위해 평생을 보낸 분들을 설득하기 쉽지 않았다. 그러나 아들의 결심을 확고한 것을 알자 부모는 마지못해 허락했다. 데이비드는 그 길로 아파트 한 채를 사서 부모에게 드렸다. 사업 자금 일부를 떼어내 집을 사드린 것이었다. 부모도 아들이 사업한다는 것을 알았지만 이렇게 부자였던 것을 처음 알게 됐다. 그 이후 부모는 데이비드의 가장 강력한 후원자가 됐다.

데이비드는 지금까지 꽃 소매상, 비디오 대여 체인, 개인 비행기 운영회사, 부동산 개발업 등 30여 가지 비즈니스를 했다. 그의 이야기를 듣던 나는 어떻게 기회를 잡았는지 궁금했다.

"기회가 올 때 그것이 좋은 것인지, 그렇지 않은 것인지 어떻게 구별할 수 있을까요."

"낙하산을 메고 뛰어내릴 때 두 가지 타입이 있다고 생각해요. '뛰어내려'라는 말을 듣자마자 낙하산을 메고 바로 뛰어내리는 사람과 낙하산의 종류, 착지 방법 등 온갖 점검과 예행 연습을 한 뒤에 뛰어내리는 사람이 있어요. 후자의 경우 결국 끝까지 못 뛰어내리는 사람이 많아요.

사업도 마찬가지입니다. 너무 망설이면 놓치는 경우가 많아요. 나는 사업을 할 때 전자의 입장을 택했어요. 처음엔 낙하산도 안 펴지고 땅에 부딪혀서 혼이 많이 났어요. 하지만 여러 번 뛰어내린 후로 안전하게 내릴 수 있게 되었지요. 많이 쌓은 경험과 인적 네트워크에 비례해 실수를 줄일 수 있었습니다. 일단, 무조건 해보는 것이 중요해요."

"돈이 되는 비즈니스는 어떻게 발견하시나요."

데이비드와 조금 더 친해지면서 내가 궁금했던 것을 위주로 물어보기 시작했다.

"최 기자, 특별한 사업만 돈을 번다는 생각을 버려야 해요. 어떤 아이템이든 돈을 벌 수 있어요. 내가 알고 있는 억만장자 가운데 아주 흥미로운 사람이 있어요. 그 사람은 '똥'으로 엄청난 돈을 벌었어요."

갑자기 '똥 이야기'가 나오자 대화가 사뭇 흥미로워졌다.

"내가 미국에서 가본 집 중에서 그처럼 큰 저택을 본 적이 없어요. 몇 에이커가 넘는 대지에 집 건물 만해도 몇 채가 있어요. 휴대폰이 잘 터지지 않아 곳곳에 중계기를 설치해놓을 정도였지요. 한번 집안에서 아이를 놓치면 찾는 데만 몇 시간이 걸린다며 불평 아닌 불평을 하더군요.

그분이 똥 사업에 뛰어든 계기는 이래요. 살고 있는 시에서 분뇨 처리를 다들 꺼려 입찰을 하지 않는다는 얘기를 들었어요. 그는 당장 시 공공 서비스에 대행업체로 입찰을 하며 사업에 뛰어들었습니다. 더러운 일을 꺼려하는 풍조 때문에 직원 구하기가 쉽지 않아 매달 출소하는 재소자 중에서 모범적인 사람들을 뽑아 채용했어요. 재소자들은 어차피 전과 경력 때문에 다른 곳에서 쉽게 일자리를 얻을 수 없어 서로의 이익이 딱 맞았지요. 이후 다른 주에서도 진출해달라는 요청이 끊이질 않았고 미국에서 거의 독점적인 위치라고 할 만큼 사업이 번창했어요. 결국 사업 아이템이 무엇인가 하는 것보다 어떻게 수익을 만들 수 있는 구조로 만드는가 하는 것이 훨씬 중요합니다."

"데이비드, 그동안 만난 억만장자의 성공비결은 무엇인가요?"
"사업을 하면서 억만장자를 만날 기회가 많았는데, 이런 공통점이 있었어요. 그것은 주는 능력이 탁월하다는 사실입니다. 내게도 귀에 못이 박히도록 얘기를 해요. '데이비드, 성공하려면 줘야 해요. 결국 주는 사람이 성공합니다'라고 말하죠."

잠시 내 귀를 의심했다. 고등학생 시절부터 비즈니스에 뛰어들어 탁월한 사업가가 된 데이비드가 성공 비결을 묻는 내게 '기빙Giving', 주는 것에 대해 이야기하고 있었다.

"흔히들 내가 주라고 하면 사람들은 격분해서 이런 반응을 보이죠. '돈이 없어서 돈 버는 방법을 물었는데, 주라고요? 그럴 돈이 없다니까요. 당신처럼 백만장자도 아니고 겨우 한 달 벌어 한 달 생활하는 사람이 어떻게 남에게 베풀 여유가 있겠어요'라고 말합니다."

나도 중간에 끼어들고 싶었지만 참았다. 그는 계속 설명했다.

"나도 한때 그렇게 생각했어요. 그러나 주는 것만큼 당신의 리더십과 인격을 쌓게 하는 것은 없어요. 왜 그럴까요? 그것은 부와 리더십의 핵심이 베푸는 마음과 연결되어 있기 때문이죠."

그가 잠시 말하다 말고 웃었다.

"난 최 기자가 지금 무슨 생각을 하는지 알아요. 나도 이걸 깨닫는데 적지 않은 세월이 걸렸으니까요. 그냥 들으니까 반발심이 생기죠? 뭔가 생뚱맞죠? 보통 사람은 이런 반응을 보이는 게 지극히 정상적입니다. 이 세상에서 억만장자가 적을 수밖에 없는 이유이기도 하죠."

그러면서 데이비드는 내게 "세계에서 억만장자가 몇 명일까요?" 하고 질문을 던졌다. 나와 별 연관이 없어서 그런지 한 번도 생각해보지 못했다. 과연 몇 명일까. "아마도 아주 적은 숫자이겠죠." 나는 얼버무렸다.

"2010년 〈포브스Forbes〉의 통계를 보면 지구상에는 69억 명이 살고 있는데, 순자산 1억 달러를 가진 억만장자는 1,210명밖에 되지 않아요. 물론 세금 보고를 한 사람을 기준으로 뽑은 것이겠지요. 그래도 아주 소수의 사람들이에요. 실제로 만나보면 그들은 아주 다른 생각을 하고 있어요. 그중 하나가 보상 없이 주는 법을 알고 있다는 것이지요."

그는 물을 한 모금 마셨다.

"성경에 이런 말이 나오죠. '누구든지 받고자 하는 대로 주라.' 이는 비즈니스에서도 진리예요. 그것만 실천하면 누구나 성공할 수 있어요. 그런데 왜 사람들이 실패할까요. 그것은 순서를 바꾸기 때문이에요."

성공한 사람들은 먼저 주고 나중에 받는다. 그러나 보통 사람들은 먼저 받고 나중에 주려 한다. 단순한 수순의 차이지만 이에는 엄청난 차이가 있다. 농부가 먼저 뿌리고 그 다음에 거두어들이듯 '주고 보상을 받는 것'은 자연의 법칙이었다.

"나는 구조조정 전문가라고 할 만큼 기업 회생에 많이 참여했어요. 망하기 직전의 회사는 주지 못하는 것이 특징입니다. 주주에게 투자이익을 주지 못해 투자자들이 떠나고, 직원에게 자부심과 성장 기회를 주지 못해 유능한 인재들이 떠나고, 고객에게는 탁월한 제품과 서비스를 주지 못해 더 이상 팔지 못합니다. 주지 못하는 기업은 망할 수밖에 없어요. 하지만 반대로 항상 높은 가치를 주는 기업은 영속합니다. 베푸는 일은 희생을 의미해요. 그러나 이것은 큰 의미가 있어요. 주는 연습을 하다 보면 물질의 소유는 덧없는 것이고 행복은 당신의 삶의

"내가 생각하는 성공은 방향성입니다.
죽을 때까지 이루기 위해 가고 있는 방향을 가리키죠.
에디슨이 전구를 만들었을 때가 성공이 아니라,
전구를 만들 때까지 좌절하지 않고 가는 마인드 자체가
바로 성공이라고 생각해요."

"To me, success means having direction in your life.
It means knowing which way you are headed and staying true to it up to the very end.
I think Thomas Edison's greatest success was not the invention of the light bulb,
but his perseverance in not succumbing to despair on the way."

데이비드 김

범주 내에 있다는 것을 알게 됩니다."

뭔가 알 듯 말 듯 했다. 사업 이야기에서 종교적인 뉘앙스가 풍겼다. 일견 이해가 되면서도 목사가 아닌 성공한 사업가에게 이런 얘기를 들으니 생소한 느낌이었다. 그는 주는 것의 '보이지 않는 놀라운 위력'에 대해 재차 열정적으로 얘기했다. 한국어로 설명하다 단어가 생각이 안 나면 영어를 섞어가며 설명했다.

"주는 것은 미래를 보는 안목을 길러주고 간과하기 쉬운 필요한 것들을 찾아내는 방법을 알려줍니다. 한 곳에 만족하지 않고 더 높이 올라가는 법을 가르쳐주지요. 주는 것은 사람들이 따르고 싶어 하는 이기심 없는 리더십을 갖도록 해줍니다."

들을 때 이해는 됐지만 잘 믿어지지가 않았다. 하지만 한 가지 사실은 확실했다. 그것은 대기업 회장으로 자신의 비즈니스만 해도 눈코 뜰 새 없이 바쁠 그가 나를 위해 아무런 대가 없이 정기적으로 시간을 내어 만나주고 있다는 사실이었다. 나는 미국에서 있는 한국 신문사에서 일했기 때문에 그에게 도움을 줄 일이 거의 없었다. 그는 이미 CBS 인기 프로그램에 출연했고 Fox나 CNN 등에 정기적으로 방송 섭외를 받는 인물이었다. 시간당 강연료가 5만 달러인 그가 아무런 보상을 기대하지 않고 한 달에 한두 번씩 만나 내 얘기를 듣고 조언해주는 일은 쉽지 않은 희생이었다.

한번은 왜 그렇게 내게 시간을 내주느냐고 물어보았더니 자신도 그런 때가 있었다고 했다. 불타는 열망을 가지고 부자가 되고 싶어 억만 장자들의 명단을 갖고 연락하던 고등학생 시절 '언젠가 내가 저 위치에 선다면 기꺼이 만나주고 도와주는 사람이 되겠다'고 결심했다고 했다. 그 수혜자 중의 한 명이 바로 나였다.

"데이비드, 당신에게 성공이란 무엇입니까."

그가 느끼기에 지금 정도면 성공한 것인지, 아니면 어떤 다른 목표를 향해 달리는지 알고 싶었다. 참고로 데이비드는 회장이란 칭호 대신 그냥 이름을 불러달라고 했다. 1.5세인 그는 영어권 문화에서 자란 친밀함의 표시로 이렇게 요청했다.

"사람들 대부분이 성공이라고 말할 때는 도달한 어떤 한 점의 상황을 가리킨다고 봐요. 하지만 내가 생각하는 성공은 방향성입니다. 죽을 때까지 이루기 위해 가고 있는 방향을 가리키죠. 쉽게 말하자면 에디슨이 전구를 만들었을 때가 성공이 아니라, 전구를 만들 때까지 좌절하지 않고 가는 마인드 자체가 바로 성공이라고 생각해요."

데이비드는 누군가에게 아무런 가치 없이 자신만의 영광을 위해 사는것은 의미 없는 삶이라고 했다. 마치 '바람을 잡으려는 시도Chasing like wind'와 같다는 말을 자주 했다. 나중에 그가 언급한 구절은 세상에서 가장 지혜롭고 부유한 왕이었던 솔로몬이 기록한 전도서에 나온다는 사실을 알게 되었다.

"의미 있는 성공을 꿈꾸는 사람들에게 조언 한마디 해주세요."

"지금 하는 일이 보잘 것 없더라도 최선을 다하면 언젠가는 기회가 온다는 것을 알았으면 해요. 주차장에서 팽이를 파는 중학생을 보면 모두 '어린 것이 불쌍하다'고 하겠지요. 하지만 30년 전 내가 바로 그 중학생이었습니다.

불가능할 정도로 대담한 목표를 세우고 열정을 점화시키세요. 그러면 언젠가 원하는 것을 갖게 될 겁니다. 그리고 그 열매를 남들에게 함께 나눠주세요."

그리고 그는 마지막으로 지금도 항상 책상 앞에 적어놓는다는 13가지 원칙을 알려주었다.

1. 내가 원하는 것이 무엇인지 결정하라.

2. 성실과 열정이 기업의 성공 요인이다.

3. 늘 상상하라, 꿈을 크게 가져라.

4. 실패를 극복하는 능력과 긍정적 자세를 가져라.

5. 좋은 사람과의 관계가 중요하다. 전문인과 연결하라.

6. 상식과 행동은 늘 같이 가야 한다. 행동으로 보여라.

7. 좋은 직원이 재산이다. 직원에게 투자하라.

8. 불경기가 또 다른 성장의 기회다.

9. 나의 생각이 아닌 고객의 생각을 알려고 늘 노력하라.

10. 관계를 위한 심리학 책을 읽어라.

11. 회사만의 독창적인 시스템을 만들어라.

12. 사업에는 신용이 중요하다. 늘 정직하게 행동하라.

13. 하나님과 함께하며 늘 기도하라.

세계 최고의 칭찬 전문가

켄 블랜차드Ken Blanchard

경영 관리와 리더십 분야의 세계적인 권위자이자 동기부여 연설가로
전 세계 많은 기업과 직원들에게 영향을 끼쳤다.
또한 수많은 베스트셀러를 집필한 작가로 《칭찬은 고래도 춤추게 한다》,
《1분 경영》 등이 대표작이다. 현재 켄 블랜차드 컴퍼니 회장이자,
매사추세츠 대학교 경영학과 교수로 있다. 1939년 미국 출생.

"남을 돕는 것이 결국
나를 돕는 것입니다."

Lessons from the TOP

한국 문화에서는 칭찬을 받으면 뭔가 불안하다. 친구가 칭찬을 하면 '돈 빌릴 일이 있나?', '밥 사달라는 얘기인가?' 하는 생각이 먼저 든다. 회의시간에 상사가 칭찬을 하면 '야단칠 일을 빙빙 돌려 이야기하시는 건가?', '이러다 무슨 뒤통수를 치려고 저러시나……' 하고 그 진의를 파악하느라 바쁘다. 직원이 상사 칭찬을 하면 주변에선 '저 친구 잘 보이려고 아부하는 건가'라며 색안경을 끼고 본다.

미국에 살다 보면 칭찬 문화가 참 발달됐다는 걸 느낄 수 있다. 별것도 아닌데 "원더풀Wonderful!", "어메이징Amazing!", "어썸Awesome!" 하며 감탄을 연발한다. 듣는 사람이 낯이 간지러울 정도다. 이렇게 칭찬하는 문화가 바탕이 되어서인지 건국된 지 200년 남짓한 미국에는 영웅이 넘쳐난다. 여섯 살 때 체리나무를 잘랐다고 스스로 고백한 정직의 화신 조지 워싱턴George Washington은 미국 건국을 주도한 영웅이다. 토마스 제퍼슨Thomas Jefferson, 벤자민 프랭클린Benjamin Franklin, 에이브러햄 링컨Abraham Lincoln, 마틴 루터 킹Martin Luther King Jr.까지 줄줄이 연결된다. 재벌가 출신에 마릴린 먼로Marilyn Monroe와 염문설을 뿌린 존 F. 케네디John F. Kennedy는 미국에서 가장 용기 있는 대통령으로 기려진다. 도청 사건으로 불명예스럽게 퇴진했지만 닉슨Richard Nixon 대통령 기념관에 가보면 그의 영웅적인 업적을 칭송하는 전시물로 가득하다. '위대한 커뮤니케이터'로 불리는 로널드 레이건Ronald Reagan 대통령의 기념관은 말할 것도 없다. 아예 타고 다니던 '에어포스 원' 비행기를 통째로 넣어놓고 대형화면에는 베를린 장벽을 허물던 대통령의 영웅적인 모습을 쉬지 않고 보여준다.

소방관, 경찰관이 순직하면 추도사에서 '우리의 영웅이었던 누구누구'라는 표현이 꼭 등장한다. 이름도 낯선 소도시에 가면 선조들의 영웅적인 업적을 기리는 기념판이 시청이나 박물관 한 곳에 꼭 마련돼 있다. 그러다 보니 상상으로 만들어내는 영웅들도 많다. 슈퍼맨, 원더우먼, 스파이더맨, 캡틴 아메리카, 베트맨, 아이언맨……. 이 영웅들은 주로 단독으로 활동하지만, 요즘에는 아예 〈어벤저스〉처럼 한꺼번에 출동하기도 한다.

칭찬이 인색한 우리나라에는 영웅이 별로 없다. 인기 만화 캐릭터를 살펴봐도 빙하 타고 온 아기공룡 둘리를 비롯, 뿌까, 달려라 하니 등 모두 귀여운 주인공이다. 어린아이들에게 '뽀통령'으로 불리는 뽀로로 역시 장난꾸러기 소년이다. 반면 디즈니에서 만든 쿵푸 팬더는 평소 귀여운 짓을 많이 하지만 위기 상황에서는 장난 아닌, 매서운 발차기를 제대로 보여준다.

한국에선 영웅되기 참 어렵다. 역사를 봐도 그렇다. 장보고와 세종대왕, 이순신 장군이 있지만 근대로 넘어올수록 생각나는 영웅이 드물다. 친미 혹은 친일 행위를 했거나, 독재를 했거나, 공산주의자와 부정축재자를 빼고 나면 존경스런 영웅은 거의 사라지고 만다.

그래서 세계적인 경영 컨설턴트이자 '칭찬 리더십' 전문가 켄 블랜차드를 만나러 가는 감회는 남달랐다. 그의 이름을 잘 모르더라도 《칭찬은 고래도 춤추게 한다》의 저자라면 고개를 끄덕일 사람이 많을 것이다. 스펜서 존슨Spencer Johnson과 함께 쓴 경영 베스트셀러 《1분 경영》을 비롯해 50여 권의 저서를 펴냈으며, 전 세계에서 수천만 권의 책을 팔아 세계 최대의 온라인서점 아마존닷컴의 명예의 전당에 이름을 올렸다. 기업에서 CSOChief Spiritual Officer · 최고정신지도책임자라는 직책을 처음으로 만든 인물이기도 하다.

블랜차드 박사의 저서 《칭찬은 고래도 춤추게 한다》는 한동안 대한민국을 강타했다. "강하게 밀어붙이고 깨야 일을 한다"는 고정관념에 박힌 상사나 부모에게 칭찬을 하라는 그의 제안은 큰 반향을 일으켰다. 제목도 잘 뽑았다. 원래 영어제목은 《Whale Done!》, '고래가 한 일'로 해석되지만 "Well done(잘했다)"과 발음이 똑같아 미국인이라면 누구나 중의적으로 해석이 가능하다.

이 책을 읽어보지 못한 이를 위해 내용을 요약하면 이렇다. 미국 기업의 임원인 웨스 킹슬리가 플로리다 출장을 가서 범고래 쇼를 보고 난 뒤 의문을 갖게 된다. "무게 3톤이 넘는 고래가 어떻게 그토록 기막힌 공연을 할 수 있습니까?" 웨스의 질문에 조련사 웨이브는 '샴'이라는 범고래에 대한 긍정적 관심과 칭찬, 격려가 그걸 가능케 했다고 답한다. 또한 실수할 땐 꾸짖는 대신 다른 방향으로 관심을 돌려 격려하는 게 '진정한 관계'의 핵심이라는 교훈을 준다.

그전에 명확히 할 게 있다. 켄이 주창한 '고래도 춤추게 한다'는 칭찬 이론은 이런 가정에서 출발한다. 고래는 때려서 훈련시킬 수 없다는 것. 무게가 1~3톤이 넘게 나가는, 그것도 식인고래인 '샴'을 체벌과 전기 충격으로 훈련시킨다? 그건 도저히 불가능하다. 그래서 나온 것이 일종의 킹화 훈련이다. 의도했던 훈련을 고래가 조금이라도 따라 하면 맛있는 정어리 먹이를 준다. 점차 더 자주, 더 많이 양을 주면서 행동을 강화시킨다. 또 조련사들이 고래를 기분 좋게 쓰다듬어주며 유대를 강화시킨다.

그런데 우리는 착각하고 있다. 고래를 때려서, 혼을 내서 원하는 방향으로 훈련시킬 수 있다고 생각하고 있다. 그 고래는 달리 말하면 우리의 자녀이고 직원이자 고객을 의미한다. 처음부터 이들을 내 마음대로 다룰 수 있다는 잘못된 가정을 하기 때문에 문제가 생긴다. 그래서 못 쫓아오면 화가 나서 소용이 없는 걸 알면서도 채찍을 휘두르게 되는 것이다. 만약 처음부터 내 마음대로 못한다고 생각하면 설득을 시키거나 기다릴 수 있지 않을까?

인터뷰는 캘리포니아주 에스콘디도Escondido에 있는 '켄 블랜차드 컴퍼니' 본사 회장 집무실에서 하기로 했다. 머리를 깔끔하게 빗어 올린 젊은 컨설턴트가 블랜차드 박사를 수행하며 회사 입구에 도착했다. 대기실에 있던 나는 일어나 손을 내밀었다. 켄은 환한 미소를 지으며 내 손을 잡았다. 그는 앞서서 집무실로 나를 안내하며, 직원들과 인사를 했다.

"수잔, 잘 지냈어? 지난주 휴가는 어땠어요."

"켄, 정말 좋았어요. 당신도 꼭 그곳에 가보셔야 해요."

"필립, 얼굴이 아주 좋아 보여요."

"당신도요."

직원들은 화기애애하게 켄과 이야기를 주고받았다. 기업 창업자이자 회장을 맞는 모습이라기보다는 친한 친구가 회사를 방문한 느낌이었다. '회장님'만 오시면 사무실 분위기가 딱딱해지는 한국 회사를 보아온 내게는 조금 다른 느낌으로 다가왔다.

켄의 집무실에 들어서자 크고 작은 액자들이 걸려 있었다. 내부 인테리어는 자신의 성향이나 가치관을 간접적으로 알 수 있는 좋은 기회가 된다. 벽을 재빠르게 훑어보았다. '칭찬 고래'의 주인공 샴 그림을 비롯해 1980년 모스크바 올림픽에서 소련 팀을 상대로 기적 같은 승리를 이끌어낸 미국 아이스하키팀 사진, 2007년 '밤비노의 저주'를 깨고 월드시리즈에서 우승한 보스턴 레드삭스 선수들의 친필 사인이 적힌 티셔츠 등 의미 있는 상징들이 걸려 있었다. 또 상당한 골프 애호가임을 알리는 《1분 골퍼》 책 표지와 정장 차림의 비즈니스맨들과 손을 잡고 있는 예수님 그림도 걸려 있어 눈길을 끌었다.

"한국에서도 서번트 리더십Servant leadership이 유행했습니다. 하지만 실천하기가 쉽지 않다는 CEO가 많았습니다."

나는 질문을 시작했다. 켄은 책상 위로 손을 올려놓으며 말했다.

"서번트 리더십을 한다면서 사람들의 평가나 인기에 연연하는 경우가 많아요. 서번트 리더십의 핵심은 당신 자신에게 초점을 맞추는 것이 아닙니다. 섬김Serving을 받는 사람들, 즉 우리 회사가 섬기는 대상인 고객에 초점을 맞추는 것이죠. 리더는 이를 위해 명확한 비전을 갖고 가치를 창출해야 합니다. 구성원들의 비위를 맞추는 것이 아니라 그들이 고객을 잘 섬길 수 있도록 지원하는 역할이죠."

서번트 리더십을 시도했다가 실패한 후 권위주의적 리더십으로 복귀하는 CEO나 상사들을 많이 보아왔다. 직원들을 섬기겠다며 거창한 구호 선언까지 해놓고서는 얼마 지나지 않아 경영 실적이 떨어지면 직원을 몰아치는 경우 말이다. 이런 일을 직원들이 여러 번 당하고 나면 경영진에 대한 신뢰가 크게 떨어진다.

"서번트 리더십을 적용했다가 성과가 개선되지 않으면 리더는 어떻게 해야 합니까?"

아까도 말했듯 아래 사람들이 잘 따라주지 않거나 성과가 나지 않으면 회사는 다시 권위주의적이고 일방통행적인 지시로 회귀하는 경우가 많다. 이런 경우 리더가 할 수 있는 선택의 폭이 넓지 않다는 점을 지적한 것이다.

"좋은 성과는 명확한 목표에서 옵니다. 직원에게 목표를 통해 일의 책임감을 알려줘야 합니다. '나는 너희들을 돕기 위해 와 있다.' 만일 그 섬김 대상이 없거나 목표가 없어지면 서번트 리더십은 불명확해집니다."

그의 이야기를 들으며 나는 군대에서의 아픈 경험을 떠올렸다. 1996년 진해에 있는 해군 교육사령부내 면접장. 1차 필기시험을 통과한 장교후보생을 면접하는 자리였다. 카키색 근무복에 중령 계급장을 단 면접관이 내게 질문을 던졌다.

"장교로 임관하게 되면 나이가 훨씬 많은 하사관을 부하로 지휘할 텐데 어떻게 리더십을 발휘할 겁니까."

나는 스스럼없이 당시 최근 리더십 이론이었던 서번트 리더십을 기억해냈다. 학자들이 내놓자마자 기업 CEO들에게 유행처럼 번지고 있던 최신 리더십 이론이었다.

"제가 임관하게 되면 서번트 리더십을 발휘하는 장교가 되겠습니다."
내 답변에 면접관들이 고개를 갸우뚱거렸다.

"흠, 섬기는 리더십이라. 상명하복이 우선되는 군대에서 통하겠습니까?"

"처음에는 시간이 필요하겠지만 좀 지나면 부하들도 믿고 따라올 겁니다."

"속칭 '개기는' 부하들도 있게 마련인데, 그런 상황에서는 어떻게 할 겁니까."

"무조건 '나를 따르라'는 전통적인 리더십은 자기 주장이 강한 신세대 병사에게는 더 이상 통하지 않습니다. 섬김의 리더십이 명령을 수행하는 데 더 효율적이라는 결과가 있습니다."

면접관들은 내가 확신에 찬 어조로 말을 하자 한번 믿어보자는 눈치였다. 나는 다행히 면접에서 탈락하지 않고 장교로 임관할 수 있게 됐다.

진해 해군사관학교에서 장교후보생으로 교육을 받고 임관을 했다. 자대는 세계적으로도 복잡한 해안선을 가진 서해였다. 나는 2함대 사령부 초계함에 배치되었다. 규율과 군기가 가장 세기로 유명한 함대여서 그런 분위기는 배속 함정에도 그대로 전달되었다.

그런데 생각했던 것만큼 부하를 통솔하기가 어려웠다. 해군은 기술군 위주여서 하사관이 많다. 육군에서 고참 사병들이 '소위 길들이기'로 갈등을 빚는 일은 해군에서는 찾아보기 어려웠다. 하지만 하사관 중에서도 군대생활을 4~5년 한 중사 출신들은 초급 장교가 내리는 명령을 적당히 처리하는 경우가 많았다. 처음에는 좋은 말로 알아듣게 지시했지만 그때뿐이고 뒤돌아서면 바로 무시했다. 몇 번 명령을 따르지 않는 경우가 생기자 나의 인내심도 한계에 다다랐다.

함장에게 휘하 부하의 군기가 빠졌다는 지적을 자주 받자, 나는 다시 명령 위주의 장교가 되기로 했다. 상부의 지시사항을 기한 내 이루기 위해 어쩔 수 없다고 스스로에게 변명했다. 갑작스럽게 바뀐 내 태도에 부하들은 혼선을 빚었다. '그럼, 그렇지. 당신도 별 수 없지.' 조금씩 마음 문을 열고 가까이 다가왔던 몇몇 부하들마저 물러섰다. 그 뒤로는 형식적으로 내 말을 따르기는 했지만 진정성이 부족했고, 서로 위해주는 그런 관계는 다시 오지 않았다.

'서번트 리더십은 교회나 기업에서 통할지는 몰라도 군대에서는 통하지 않는구나.' 나는 자괴감에 빠져들었다. 같은 믿음을 가지고 있거나, 보너스나 승진 등의 무기를 갖고 있어야 제대로 된 관리가 될 수 있겠다는 생각을 했다. 그런데 켄의 말을 듣고 보니 내가 서번트 리더십을 잘못 이해하고 있다는 사실을 깨닫게 되었다.

'그랬구나.' 서번트 리더십이 섬김을 강조하다 보니 당연히 아랫사람, 부하들을 덮어놓고 감싼다든지 섬겨준다는 생각을 해왔다. 그런데 섬김의 목적을 위해 그들을 이끌 수도 있어야 한다는 생각은 하지 못했다. 예를 들어 전투력 향상과 보람 있는 병영생활이란 목적을 나름대로 정해놓고 리더십을 발휘했더라면 어떤 결과가 나왔을까.

비단 군대뿐 아니라 조직이란 것이 어느 위치에 서도 쉽지 않다. 회사에 가기 싫은 적이 있는가. 아침에 출근할 생각만 해도 가슴이 답답

해오고 어딘가로 도망쳐버리거나 사표를 던지고 싶은 적은 없는가. 아래 직원들 의견을 제대로 전달하기 어려운 조직문화, 성과를 위해 부하 직원을 달달 볶는 상사, 어려운 일을 내게 미루기만 하는 뺀질한 동료들. 무엇보다 명확한 목표와 권한 없이 쏟아지는 일들로 인해 열정을 쏟기 힘들다고 털어놓는 직장인들을 주변에서 흔히 볼 수 있다.

"많은 회사에서 직원들이 열정 없이 일한다며 불평합니다. 반면 직원들은 회사에 출근하기가 싫을 때가 많은데요. 이 문제를 어떻게 풀어야 합니까."

켄은 상체를 앞으로 일으키면서 단호하게 대답했다.

"회사에 열정 없는 직원이 많다는 것은 직원의 문제가 아닙니다. 회사의 리더십이 잘못 작동하고 있다는 증거지요. 사람들은 원래 있던 수준보다 성장하고 싶어 하는 경향이 있어요. 회사가 비전을 정하고 올바른 리더십으로 이끌어나간다면 직원들은 자연스럽게 열정을 갖게 됩니다. 다시 한 번 말하지만 직원들의 열정이 있고 없음을 탓하는 회사는 벌써 리더십 문제를 가지고 있다는 말입니다."

"예전에 쓰신 책 《칭찬은 고래도 춤추게 한다》의 원리는 요즘 같은 불경기에도 여전히 유효합니까."

"많은 기업가가 이 책의 내용, 즉 칭찬과 격려를 통해 직원과 관계를 개선하는 것이 경제가 좋을 때는 좋은 아이디어라고 생각하지만 경기가 나쁠 때는 그렇지 않다고 생각합니다. 하지만 《좋은 기업에서 위대한 기업으로)라는 저서를 쓴 짐 콜린스도 강압적인 리더십으로는 좋은 조직문화를 만들 수 없다고 했습니다. CEO가 마치 매처럼 직원의 일거수일투족을 감시한다면 직원들에게 동기부여를 하기가 아주 어려울 것입니다. 불경기에 강한 기업은 직원들 간에, CEO와 직원 간에 신뢰와 존경이 있는 회사였습니다."

"그렇다면 CEO는 어떻게 신뢰를 쌓을 수 있나요. 노조와의 관계 설정도 쉽지 않은데요."

"CEO가 신뢰를 쌓으려면 먼저 직원들을 존중해야 합니다. 사우스웨스트 항공의 예를 보죠. 수년 전 유가가 급등하면서 이 회사의 재정 악화에 큰 영향을 줬어요. 당시 켈러허Herbert Kelleher CEO는 유가와 회사 재정상태를 직원들에게 솔직하게 공개했죠. 그리고 노조 지도자를 만나서 '나는 노조를 좋아합니다. 우리가 같은 편에 있어야 회사를 살릴 수 있어요. 나는 당신들의 도움이 필요합니다'라며 솔직한 조언을 구했습니다. 노사가 머리를 맞대고 대안을 찾다가 시간제 근로자한 명이 '비즈니스 셀렉트Business select'라는 프로그램을 제안했는데, 회사가 흑자로 돌아서는 데 큰 도움이 됐습니다."

사우스웨스트 항공은 비즈니스석도 이코노미석과 같은 크기다. 대신 먼저 탑승할 권리를 줘 본인이 원하는 자리를 선택할 수 있게 해준다. 이와 함께 100% 환불이 가능하고, 보안검색 우선 통과 등의 혜택을 준다. 이것이 비즈니스 셀렉트 프로그램이다.

"사우스웨스트 항공사 회장과 《켄 블랜차드의 러브스토리》란 책을 내신 데는 어떤 계기가 있었나요."

"여행을 자주 하는 편인데, 한번은 사우스웨스트 항공사를 이용했다가 승무원의 열의 넘치는 서비스에 깊은 감동을 받았죠. 빡빡한 업무 속에서 유머를 활용하며 즐겁게 일하는 모습이 무척 감동적이었습니다. 최근 글로벌 경기 침체 속에서 대형 항공사도 하지 못했던 흑자 행진을 이 항공사가 이뤄낸 데는 이유가 있더군요. 공항에서 내린 뒤 콜린 배렛Colleen Barrett 회장(지금은 명예 대표이사로 있다)에게 전화를 걸어 만나자고 했고, 결국 책을 같이 쓰게 됐죠."

"책의 제목[3]이 '사우스웨스트 항공처럼 이끌어라'와 '사랑으로 이끌어라'라는 중의적 의미가 있는데요."

"콜린 배렛 회장은 사우스웨스트 항공 창업자인 허버트 켈러허의 여비서로 시작해 회장직을 물려받은 분이죠. 언젠가 켈러허에게 그녀에게 회장직을 물려준 이유를 물었더니 '배렛은 사람들이 성공할 수 있도록 사랑하는 방법을 아는 유일한 사람이었다'고 답하더군요. 사람들을 사랑하며 성공하도록 이끌었더니 회사가 자연스럽게 성장했다는 말이죠. 굉장히 추상적인 말 같지만 성과가 이를 증명합니다. 사우스웨스트항공이 고객만족도에서 4년 연속 1위를 기록하고, 불경기 속에서

---

3) 원서의 제목은 《Lead with LUV》. LUV는 사우스웨스트항공의 뉴욕 증시(NYSE) 심벌이다. Love를 의미하기도 한다.

흑자를 내며, 미국에서 가장 일하고 싶은 직장이 된 것은 이런 철학이 바탕이 되었기 때문이지요."

"좀 더 구체적으로 설명한다면요."

"기업의 우선순위를 직원에게 맞추고 있어요. 직원을 만족시켜야 직원이 고객을 돌볼 수 있고 결국 회사의 수익 창출과 성장으로 이어집니다. 그래야 이익이 나서 주주에게도 배당이 돌아가게 되죠. 하지만 자기 독단적인 리더는 항상 주주와 고객을 위해 일하면서 직원을 희생시키죠. 그 결과 정반대의 수확을 얻게 됩니다."

"세계적인 불황으로 컨설팅 회사도 많이 어렵다고 들었습니다."

"우리 회사도 예외는 아니었죠. 금융위기 전에 6,000만 달러였던 매출이 4,800만 달러까지 떨어졌지요. 이때 중요한 것은 재정적으로 어려울 때 직원들이 자발적으로 임금 삭감이나 401K 연금[4] 조정에 나섰다는 점입니다. 이는 회사 매출 현황과 지출을 직원들에게 투명하게 공개했기 때문이기도 합니다. 매출은 점차 회복세를 보이고 있어요. 매출이 나아지는 대로 삭감된 급여를 원상 복구할 예정입니다."

'칭찬 리더십'으로 잘 알려진 회사인 만큼 불경기 대응책이 주목을 받았다. 켄은 평소 실행해왔던 투명정책이 큰 빛을 발했다고 말했다.

---

4) 미국 기업에서 제공하는 개인 연금으로, 불입 금액의 일부를 매칭시켜 납부해준다.

블랜차드 박사는 평생을 미국 포춘 500대 기업의 회장이나 CEO를 상대로 경영 컨설팅과 리더십 코칭을 해온 대가다. 수많은 리더십 연구를 해왔고 리더십 모델을 설계한 그가 역사적인 인물 가운데 이상적인 리더로 누구를 꼽을지 궁금했다.

"수많은 CEO와 대기업을 상대로 경영 컨설팅을 해왔는데, 역사상 가장 이상적인 리더는 누구라고 생각하세요."

고희古稀의 나이가 무색할 만큼 활달하게 대답을 하던 블랜차드 박사가 잠시 침묵에 잠겼다. 그리고 전혀 뜻밖의 답이 돌아왔다.

"역사상 가장 이상적인 리더는 나사렛 예수라고 생각해요."

한 단어 한 단어가 마치 악보의 스타카토처럼 끊겨 들렸다. 미국에는 재계가 아니라도 건국 이후 뛰어난 리더들이 많이 등장했다. 앞서 이야기했듯 미국의 영웅이라 일컬어지는 사람들도 많다. 그런데 켄이 최고의 리더로 꼽은 사람이 예수라는 데 충격을 받았다. 내 반응이 미지근했다고 느꼈는지 그가 부연설명을 했다.

"예를 하나 들어볼게요. 만일 2,000년 전에 한 유대인 랍비가 이끄는 12명의 제자와 카이사르가 이끌던 로마제국, 이 둘 가운데 누가 더 오래 살아남는지 내기를 했다면 얼마나 많은 사람이 유대인 랍비 쪽에 걸었을까요."

백발이 성성한 켄이 나를 바라보며 따뜻한 미소를 지었다. 예수와 12제자, 그들을 핍박했던 로마제국의 운명이 불과 몇 백 년 지나지 않아 극명하게 갈렸다. 예수는 유태인의 고소에 의해 재판에 회부되어

로마 총독 본디오 빌라도에 의해 죽음을 맞았다. 이후에도 포교를 금지하며 수많은 순교자의 피를 흘리게 했던 나라가 로마제국이었다. 그때만 해도 로마제국은 승리를 거둔 것처럼 보였다. 그런데 2,000년이 지난 지금은 어떠한가.

"요즘 주변에서 존(요한), 피터(베드로), 매튜(마태) 같은 이름을 가진 사람은 흔히 볼 수 있지만, 아이러니하게도 카이사르(시저)는 강아지 이름에 많죠. 로마제국은 무너졌지만 기독교는 지속되고 있습니다. 예수의 리더십에는 신뢰와 존중, 자기희생이 담겨 있어요. 한마디로 서번트 리더십이라고 할 수 있어요."

"혹시 크리스찬이세요?"

그러자 켄은 이렇게 답했다. "전 '예수를 따르는 자Follower of Jesus'라고 생각합니다. 성경에서 크리스찬은 이방인들이 부르는 부정적인 단어로 쓰이고 있죠. 그런 의미에서 예수를 따르는 자가 더 적합한 표현이라고 생각합니다."

그러고 보니 서번트 리더십의 핵심은 '자기 부인否認'이었다. 자기를 부인할 수 있는 사람만이 나와 가족을 넘어서 남을 섬기고 봉사할 수 있다. 자기 부인은 자존감을 낮추는 것이 아니라 더 숭고한 목적을 위해 자신을 넘어서는 초월의 경지였다.

대화 주제를 바꿔 요즘 구직 전쟁을 펼치고 있는 한국 젊은 세대를 위한 질문을 던졌다.

"한국에서는 젊은 세대의 취업난이 심합니다. 젊은 구직자를 위해 조언해주세요."

"미국 상황도 크게 다르지 않습니다. 우리 세대만 해도 대학을 졸업하기만 하면 5~6개의 일자리가 있었습니다. 지금은 6~7개의 경력을 쌓아야 겨우 제대로 된 일자리를 찾을 수 있을 정도로 어려워졌습니다. 우선 '계속 찾으라Keep looking'는 얘기를 드리고 싶어요. 단지 이력서를 보내는 게 아니라 관계를 쌓을 수 있는 활동부터 하는 게 좋아요. 자원봉사 등을 통해 다른 사람을 위해 일하면서 네트워크를 계속 쌓다 보면 괜찮은 일자리를 찾을 기회가 많아집니다. 지금 당장 돈을 벌기 위해 패스트푸드점에서 일하는 것보다 기회를 찾을 수 있는 각종 프로젝트 등에 도전해보세요."

그러면서 그는 가치를 높이기 위해서는 시속석으로 배워야 한다고 강조했다.

"지금은 컴퓨터 및 회계, 법률 시장까지 해외로 아웃소싱되고 있습니다. 직원들은 더 높은 가치를 창출해야 합니다. 이는 배움에서 옵니다. 직원 스스로가 '올해는 이력서에 무엇을 채워 넣을 수 있을까'라고 질문하고, 새로운 분야를 정해 지속적으로 배워야 합니다. 20년 동안 같은 일만 한다면 어떻게 가치를 높일 수 있을까요. 배움을 멈추는 순간 성장도 멈춥니다."

끊임없는 배움을 통해 성장을 지속해야 하는 시대, 우리는 어떻게 행복을 추구해야 할까.

"많은 사람들이 성공의 아이템을 갖춰야 행복할 수 있다고 말하지만,
실제로는 그렇지 않습니다.
진정한 행복은 부의 축적이나 권력에서 비롯되는 것이 아니기 때문이죠.
우리는 자신이 갖고 있는 시간과 재능으로 다른 사람을 도울 수 있는
관용을 가질 때 비로소 행복해질 수 있습니다."

"Many people think that you need to secure certain items of success
in order to be happy, but that is just not true.
True happiness does not come from having wealth or power.
True happiness comes when we have the generosity to help other people
using whatever time and skills we possess."

"무한경쟁 시대에서 행복은 어떻게 찾을 수 있을까요."

"성과를 통해 사람들은 명성을 얻고 부를 얻어요. 많은 사람들이 성공의 아이템Items of success을 갖춰야 행복할 수 있다고 말하지만, 실제로는 그렇지 않습니다. 진정한 행복은 부의 축적이나 권력에서 비롯되는 것이 아니기 때문이죠. 우리는 자신이 갖고 있는 시간과 재능으로 다른 사람을 도울 수 있는 관용Generosity을 가질 때 비로소 행복해질 수 있습니다."

한마디로 말하자면 베풀라는 것이다. 남의 문제를 해결해주다 보면 자신의 문제가 해결되는 식이다. 실연을 당한 친구의 고민을 들어주다 보면 여자친구와 다퉜던 자신의 문제는 아무것도 아니라는 생각이 들고, 이혼을 앞두고 있는 부부의 이야기를 듣다 보면 사춘기에 접어든 우리 아이 문제는 별일이 아닌 것처럼 느껴진다는 것이다.

그는 자녀를 키우는 한국을 포함한 아시안 부모에게 이런 조언을 했다.

"칭찬은 부모가 자녀에게 해줄 수 있는 최고의 선물이에요. 서양 문화권의 부모들에 비해 동양권 부모들은 칭찬에 인색합니다. 너무 칭찬에 길들여져 버릇이 없는 아이로 키울까 봐 걱정하기 때문이죠. 그렇지만 칭찬은 긍정적 자아의식을 고무시키는 보상이 되고 이는 동기부여를 낳는 선순환을 가져온다는 것을 잊어서는 안 될 것입니다."

어느덧 약속했던 인터뷰 시간이 끝나가고 있었다. 마지막으로 그의 베스트셀러와 관련된 질문을 하나 던져야겠다고 마음 먹었다. 블렌차드 박사가 스펜스 존슨과 공동 저술한 베스트셀러 《1분 경영》은 기업가와 창업가들이 숭배하는 '미니 바이블'이다. 20년 동안 전 세계에서 1,500만 독자가 선택한 경영기법서로, 비즈니스를 할 생각이 있는 사람이라면 꼭 읽어보아야 할 책이다. 1980년대 불황기에 숱한 미국 기업들이 이 책의 원리를 경영현장에 접목해 부흥에 성공하는 기적 같은 일이 생겼다고 한다. 내용이 좋아 기업들이 책을 사서 직원들에게 '뿌렸다'는 이야기도 심심찮게 들려온다.

이 책은 1분 목표설정, 1분 칭찬, 1분 질책의 세 가지 실천법을 소개하고 있다. 특히 '성과 중심'과 '사람 중심'이 모순된 목표가 아니며, '사람을 통해 최고의 성과를 낸다'는 철학을 설파한다. 나도 '1분 동안 경영에 대해 뭘 배울 수 있겠어'라며 책을 집어 들었다가 그 자리에서 다 읽었다. 회사를 경영하는 기본이 충실하게 담겨 있어 그 후로도 수차례 탐독하게 됐다.

켄에게 한국인을 위한 1분간의 조언을 구했다. 잠시 생각을 하던 켄은 안경테 너머로 말을 꺼냈다.

"부지런한 한국인들에게 'ABC를 기억하라'고 말씀드리고 싶네요. A는 긍정을 강조하라Accentuate the positive, B는 당신의 사람들을 지원하라Back your people, C는 사람들을 당신의 파트너로 만들어라Capture people as your partner."

‘칭찬 고래’의 조언은 채 1분이 되지 않았지만 짧고도 강렬했다. 블랜차드 박사가 말한 대로 ABC만 잘 적용해도 파워풀한 인생을 살 수 있다. 항상 긍정적이고 주위 사람들에게 도움을 주며, 능력 있는 사람을 자신의 파트너로 만드는 사람은 어떤 기업이나 조직에서 필요한 존재가 될 테니까.

세계 최고의 트레이더

다우 김Dow Kim

한국 이름 김도우. 전 메릴린치 투자은행부문 공동 사장.
다이아몬드 레이크 인베스트먼트 사장으로 재직 중이다.
한국인으로서 월가에서 가장 큰 성공을 거둔 인물로
2005년 올해의 아시안상을 수상했다. 1963년 출생.

"겸손함은
최고의 엘리트가
가져야 할 덕목입니다."

Lessons from the TOP

식스 피겨Six figure. 미국에서 10만 달러 이상의 고연봉을 상징하는 단어다. 한국의 억대 연봉자라는 말과 비슷하다. 그런데 그 10만 달러를 1년이 아니라 365일 매일같이 벌어들인 사람이 있다면? 그리고 그런 사람이 한국인이라면? 한국인으로서 월가에서 가장 높은 지위에 올랐던 다우 김(한국명 김도우) 전 메릴린치 투자은행부문 공동 사장은 재임 시절 최고 연봉 기록을 세웠다. 2006년 연봉 3,700만 달러(346억 원). 그해 미국 전문직 가운데 톱 10에 들었다. 2007년 전 세계 금융위기로 메릴린치가 뱅크오브아메리카에 합병되기 전까지 그는 2000년부터 평균 2,000만 달러 이상의 연봉을 받았다. 그는 도대체 어떤 인물일까.

투자은행에 입사를 한다는 것 자체가 미국, 아니 전 세계에서 통하는 성공 보증 수표다. 메릴린치, 골드만삭스, JP모건 등의 투자은행은 미국 아이비리그 수재들 가운데 경제경영학과를 졸업한 엘리트들이 가장 가고 싶어 하는 직장이기도 하다. 그런 이유로 입사 경쟁은 엄청나게 치열하다. 아이비리그와 스탠퍼드 등 미국 명문대뿐 아니라 전 세계 명문대에서 상위 1%에 해당하는 졸업생들이 몰리기 때문이다. 운좋게 입사를 한다 해도 투자은행이란 조직에서 승진의 사다리를 타고올라가는 것은 차라리 전쟁이다. 무한경쟁 속에서 하루 15~20시간씩, 몇 년 동안 일하면서 살인적인 경쟁을 벌이던 펀드 매니저들이 그 높은 연봉을 마다하고 인간적인 삶을 찾아 이직하는 경우가 태반이다.

지금도 뉴욕에서 프라이빗 펀드를 운영하며 활발한 활동을 하고 있는 다우 김. 그를 한강이 내려다보이는 서울의 한 오피스텔에서 만났다. 단정하게 빗어 넘긴 머리, 윤곽이 뚜렷한 얼굴, 차분하면서도 수수한 인상을 한 그를 보니 세계 각국 정부와 다국적 기업을 상대로 수천억 달러의 펀드를 좌지우지하던 월가 금융계의 거물이라는 사실을 믿기 어려웠다.

"어떻게 해서 경쟁이 치열하다 못해 악명 높은 투자은행에서 공동사장까지 올라갈 수 있었나요? 그것도 1.5세 한국인이라는 핸디캡을 딛고서 말입니다."

"운이 좋았지요. 좋은 보스를 만나 나를 잘 평가해줬고, 그들이 계속 승진을 시켜줬습니다."

마치 대학 입시 수석자들이 '교과서만 보고 공부했더니 좋은 성적이 나왔어요' 하는 말을 듣는 듯했다. 다부지고 빈틈없는 모습 뒤에는 내성적인 면모가 숨겨져 있었다. 내가 약간 맥이 빠져하자 다우 김은 말을 계속 이어나갔다.

"글쎄요. 어려서 가치관 교육이 기본이 되었다고 할까요. 부모님 영향을 많이 받았어요. 두 분 모두 겸손하고 따뜻한 인품을 가지셨죠. 겉으로 친한 것 말고 누구를 생각할 때 '그 사람 참 괜찮은 사람이다'라는 말을 듣도록 어렸을 때부터 교육을 받았어요. 두 분 덕택에 조직 내에서 인간관계를 잘했다는 평가를 들었습니다. 내성적인 스타일이라 잘난 체하지 않고 겸손하게 일하면서도 주변 동료들과 같이 가려고 했습니다. 어떤 일을 잘해서 상사로부터 칭찬을 받게 되면 같이 협력했던 동료 이름을 항상 다 이야기합니다. 그러면 그 동료들이 '저 친구 혼자만 잘하려고 하는 게 아니라 같이 가려는 구나' 하며 좋은 평가를 해요. 그러면 분기별 실적 발표할 때 내가 최고가 나오더라도 동료들이 진심으로 축하를 해줘요. 이게 성공에 중요한 역할을 한 것 같습니다."

"월가에서 인종차별이나 유리 천장을 경험하지는 않았나요?"

"아뇨. 투자은행에서는 오히려 철저하게 실적으로 평가하죠. 다른 잣대를 적용하지는 않아요. 다만 실적이 두드러지지 않을 경우, 혹은 비슷한 경우 다른 요소가 큰 고려사항이 될 수 있겠지요. 예를 들어 상사나 동료의 평가 같은 요소를 많이 봅니다. 물론 임원급 이상부터는 실력 외에 다른 변수가 작용합니다."

"실력과 인맥 중 어느 것이 중요할까요."

"실력은 기본입니다. 투자은행에서 일했던 경험을 통해 말하자면 그래요. 이쪽 분야로 오는 사람들은 대부분 탁월한 재원들이죠. 실력이 두각을 드러내려면 자신의 분야에서 확실하게 잘하는 게 있어야 합니다. 인맥 또한 아주 중요합니다. 성격이 좋지 않고 매니저로서의 자질을 갖추지 못하면 아무리 실력이 탁월해도 전문가로서 끝나는 경우가 많아요. 아니 많이 봐왔다고 말하는 편이 맞겠네요. 주변의 평판이 그 사람의 향후 포지션을 결정할 만큼 중요합니다. 엘리트로 똘똘 뭉친 조직에서는 상사와 동료, 부하 관계를 모두 잘 매니지먼트 할 수 있는 사람이 되어야 합니다.

그는 찻잔을 입으로 가져갔다.

정적의 숙청이 북한에만 있는 것은 아니다. 세계의 돈줄 역할을 하는 월가에서도 비일비재하게 일어나는 일이다. 미국 언론들은 다우 김이 불과 40세에 세계 최대증권사의 2인자 위치에 오른 것은 그의 탁월한 능력 외에 메릴린치 이너서클의 피비린내 나는 숙청과 무관치 않다고 분석한 바 있다.

영국 〈파이낸셜 타임스〉도 유력한 사장 후보였던 자카리아가 물러나고 다우 김이 사장이 된 것은 메릴린치 상층부의 갈등으로 인한 덕이라고 분석했다. 스탠리 오닐에 이어 조직 내 넘버 투였던 토마스 패트릭 부회장이 해고된 이후 그 라인에 있던 자카리아의 자리 역시 위태로워졌다. 패트릭 부회장이 쫓겨난 것은 오닐 회장에게 자신의 오른팔인 자카리아 대표를 사장 자리에 선임해줄 것을 줄기차게 요구한 것과 직접적인 연관이 있었다. 오닐 회장은 사장 자리를 비워둘 것을 원했다. 패트릭 부회장의 심복을 막강한 실권을 쥘 수 있는 사장 자리에 앉힐 경우 신속한 경영의사 결정이 지연될 수 있다는 이유를 들어 이를 거부해왔던 것이다. 하지만 패트릭 부회장이 자카리아를 사장으로 임명해달라고 계속적으로 압박을 가하자 화가 난 오닐 회장은 패트릭 부회장을 강제 축출하고 만다. 자카리아 역시 자신이 사장으로 선임될 것이라고 큰소리 치고 다니면서 오닐 회장의 눈 밖에 났다.

월가의 해고 통지 방식은 신속하면서도 냉정하다. 해고 통보가 되는 즉시 모든 이메일 계정과 회사 컴퓨터에 대한 엑세스가 금지된다. 보안 요원들이 사무실에 와서 개인 짐만 갖고 갈 수 있도록 감시하고 회사 차 사용도 금지된다. 권력의 승부처는 무섭다. 권력의 핵심부에 있던 이 두 사람이 해고당할 때도 보안 요원의 감시 하에 개인 짐만 챙겨 떠나야 했다. 그렇다면 다우 김이 이처럼 피비린내 나는 투자은행의 파워게임에서 살아남을 수 있었던 이유는 무엇일까.

"한국 출신의 유능한 인재가 투자은행계에 왔다가 1~2년도 버티지 못하고 그만두는 경우가 많습니다. 그 사람은 자신이 최고라는 생각에 빠져 있어요. 주변의 동료를 돌아보지 못해요. 자기만 빨리 가야 하니까 동료들을 우호적으로 대하지 못해 경쟁자로 만들어버립니다. 그런

"한국 출신의 유능한 인재들은
자기만 빨리 가야 하니까 동료들을 경쟁자로 만들어버립니다.
그런데 그곳에서 일하는 이들은 경쟁이라면 이미 도가 튼 친구들입니다.
같이 가겠다는 생각으로 좋은 동료가 되겠다는 마음을 가져야 합니다.
그래야 일하는 동안 즐겁게 할 수 있고 나중에 결과도 좋죠.
겸손이라는 말은 동양적인 가치가 아닙니다.
최고의 엘리트 집단에서 가져야 할 덕목이죠."

"The best and the brightest in Korea are so focused on getting ahead that
even colleagues and peers become competitors.
The people who work there are masters at competing with each other.
But I believe you have to have a positive mindset and think of your colleagues
as your travelling companions who are on the same journey.
With such a mindset, you can enjoy the work you do and that ultimately leads
to a better outcome. Modesty is not uniquely an Asian value.
It is a value that the elite in every culture should have."

다우 김

데 그곳에서 일하는 이들은 경쟁이라면 이미 도가 튼 친구들입니다. 같이 가겠다는 생각으로 좋은 동료가 되겠다는 마음을 가져야 일하는 동안 즐겁게 할 수 있고 나중에 결과도 좋다고 봅니다. 겸손이라는 말은 동양적인 가치가 아닙니다. 최고의 엘리트 집단에서 가져야 할 덕목이죠."

투자은행이 뽑는 인재상은 대체적으로 이런 요소를 포함하고 있다. 최고를 향한 열정, 팀워크에 대한 신념, 도덕성, 리더십, 도전에 대한 열정, 세상에 행적을 남기려는 의지 등이 있어야 한다. 금융모델링 등 경영학, 수학적 지식이 있어야 하고 외국인 경우에는 탁월한 영어 구사능력이 필요하다. 베팅할 때 오는 엄청난 압박감을 이겨낼 만큼 배짱이 있어야 하고 근성을 가져야 한다. 그렇지만 다우 김이 말했듯이 동료와 시장에 대한 겸손함이 우선적으로 필요하다.

그는 자타가 공인하는 세계 최고의 트레이더다. 어떻게 이 일을 시작하게 되었는지 계기가 궁금했다.

"앤도버에 있을 때 월가의 트레이더가 되어야겠다고 결심했습니다. 신문 잡지를 읽으면서 관심을 가졌고, 11학년(한국의 고2) 때 그쪽으로 진로를 정했어요. 내 적성에 맞을 것 같고 수학도 좋아하고 해서 그 분야에 가면 잘할 것 같은 생각이 들었습니다. 그 후 모의 주식투자 대회 나갔다가 입상했는데, 그때 경험이 자신감을 줬지요. 생각해보면 어려서 꿈을 갖는 것이 얼마나 중요한지 모르겠어요."

그는 미국 최고最古의 사립고 앤도버 필립스 아카데미 출신이다. 앤도버는 1778년 설립된 미국에서 가장 오래된 사립 기숙학교다. 미국의 초대 대통령인 조지 워싱턴의 조카가 졸업하면서 명문가 자제들이 몰리는 학교가 되었고, 부시 대통령 부자의 모교로도 잘 알려져 있다. 앤도버에서는 전 세계에서 온 내로라하는 학생들이 방을 같이 쓰면서 협력과 경쟁을 해나간다. 그 속에 아시안 유학생의 신분으로 있다 보면 스트레스가 만만치 않게 쌓일 텐데, 탈선하고 싶다는 욕구가 생기지 않았을까.

다우 김의 굳게 다문 입가에 미소가 깃들었다.

"아버님은 굉장히 무서운 분이셨어요. (웃음) 매 학기가 끝나고 성적표를 보냈는데 성적이 좋지 않으면 용돈 받는 데 차질이 생겼기 때문에 열심히 공부를 해야 했습니다. 아버님께서 말레이시아와 인도네시아에서 광산 개발과 원목 사업을 하시며 고생하시는 것을 두 눈으로 보고 왔는데 대충 살 수가 없었어요. 다른 아이들처럼 학교에서 사고를 친다, 탈선을 한다는 것은 생각조차 못했습니다."

그는 대학에 진학하기 전 두 번의 실패를 맛봤다. 한국에서 초등학교를 졸업한 뒤 아버지가 일하는 인도네시아와 가까운 싱가포르로 옮겼다. 그곳 국제학교에 중학생으로 입학한 지 2년 만에 앤도버에 도전했지만 떨어졌다. 초등학교에 입학하자마자 준비해온 다른 지원자들과 경쟁하기가 쉽지 않았다. 다음해 앤도버를 재수 끝에 들어갈 수 있었다. 앤도버에서 상위 30%에 드는 졸업생은 아이비리그와 스탠퍼드 등에 입학이 거의 확정적이다. 하지만 다우 김은 앤도버를 졸업할 때 상위 10%에 들었음에도 불구하고 아이비리그 입학에 실패했다. 그가 미국 사회에서 처음 겪은 인종차별이었을지도 모른다. 지금은 한국 유학생들이 많지만 그 당시만 해도 그는 한국 학생으로 거의 유일했고, 아시안 학생도 많지 않았다. 실패는 거기까지였다. 다른 대학에서 1학년을 보낸 뒤 그는 펜실베이니아 대학교University of Pennsylvania로 편입한다. 세계 최고의 MBA로 꼽히는 같은 대학의 와튼 스쿨Warton School에 입학했고 졸업 후 금융계에서 승승장구하고 있다.

"그때 알게 됐습니다. 내가 마이너리티Minority, 소수계 인종이라는 사실을요. 똑같이 해서 남들과 같이 될 수 없다는 냉정한 사실도 알게 됐지요. 그런 깨달음이 내가 일하는 분야에서 최선을 다해 노력해야 한다는 것을 미리 알려주었습니다. 동시에 남과 협력해서 일하는 것이 중요하다는 사실도 알게 됐지요."

미국 최고의 사립고인 앤도버 졸업, 최고의 MBA인 펜실베니아대학 와튼 스쿨에서 경영학 석사 학위 취득. 이렇게 대단한 프로필도 투자은행 입사에서는 흔한 편이다. 과연 이 학벌이 그의 성공에 직접적인 영향을 미쳤을까.

"물론 학벌이 좋으면 도움이 되겠지요. 그런데 결정적이지는 않습니다. 입사 때를 제외하고는요. 고 스티브 잡스나 마크 주커버그Mark Zuckerberg는 모두 대학 중퇴자인데도 엄청난 성공을 거두었습니다. 좋은 학력은 큰 실패를 하지 않게 도와주지만 대단한 성공을 거두는 데 결정적인 역할은 하지 않는다고 생각합니다."

이야기를 듣고 있노라니 그의 성장환경이 궁금해졌다.

"어린 시절 성장환경은 어떠했나요?"

"아버지는 엄격했고 우리가 삶을 사는 데 원칙을 알려주신 분이었습니다. 어머니는 우리를 무척 사랑하셨고, 같이 있으면 편안하고 즐거운 분이었지요. 그레이스 켈리Grace Kelly 같은 분이라고 생각하면 됩니다. 사람들이 좋아하는 스타일이셨죠. 미국에 혼자 유학와서 학교 다닐 때는 몰랐는데 방학 때는 좀 외로웠습니다. 아버님께서 여름방학 때는 집(싱가포르)으로 오라고 하셨지만 겨울방학 때는 미국 아버님 친구 댁에 있도록 했습니다. 너무 자주 오면 의존심이 생길 수 있다면서. 크리스마스 때 다른 가족들이 옹기종기 모여 앉아 보내는데 내가 있어서 괜히 불편함을 주는 것이 아닌가, 그런 걱정을 했던 것 같습니다. 하지만 아버지께서 이렇게 하시는 목적이 있다고 생각해서 버텼지요."

다우 김은 1985년부터 6년간 뉴욕 매뉴펙처러스 하노버은행(JP 모건 전신)에서 신용분석가와 파생금융상품 트레이더로 근무했다. 일본 케미칼 은행을 거쳐 메릴린치에는 94년 채권파생상품 딜러로 도쿄 지사에 입사해 인연을 맺었고, 2000년부터 글로벌 업무를 총괄하는 부사장이 되었다. 그리고 2003년 글로벌마켓 투자은행부문의 공동사장으로 올라섰다.

그가 이끌어오던 글로벌 채권거래 부문은 메릴린치 매출의 3분의

1 이상을 차지하는 돈줄 역할을 하는 곳이다. 두 사람이 맡게 되는 글로벌 마켓 투자은행은 직원만 1만 1,000명에 이르는 거대 부서다. 물론 2007년 말 찾아온 금융 위기로 월가가 타격을 받으면서 메릴린치 사장 재직 시절에 대한 책임론이 돌기도 했으나 지금은 수그러들었다. 이런 손실은 개인의 문제에서 비롯된 것이 아니라 시스템 탓이기 때문이다. 찰스 가이스트Charles R. Geisst 맨해튼 칼리지 교수는 "월가에서 돈을 잃게 한 것은 사람이 아니라 시스템이라고 생각한다. 운이 나빴기 때문에 실패했을 뿐 그들에게 기회를 줘야 한다고 생각한다"고 언론을 통해 밝힌 바 있다. 다우 김은 투자은행의 CEO 자리를 내려놓은 지금도 컴퓨터를 들고 다니며 직접 트레이딩하는 것을 즐긴다.

"직접 트레이딩하는 것을 좋아해요. 내가 분석하고 투자한 것이 시장에서 제대로 평가를 받는 것은 아주 스릴 있는 일입니다. 변화무쌍한 시장과 매일 도전하고 투자자들에게 돌려주는 것이 의미가 있다고 생각합니다."

타고난 트레이더로, 한국인으로서는 월가에서 가장 성공한 인물로 평가받는 다우 김. 그가 생각하는 성공의 비결이 무엇인지 궁금해졌다.

"당신이 경험한 성공의 공식을 알려주세요."

"포커스Focus와 드라이브Drive, 즉 집중력과 추진력입니다. 두 단어에 제 성공의 비결이 있다고 할 만큼 중요하게 생각합니다. 그리고 어느 조직에서든 특별한 활약을 할 수 있는 사람이 된다면 좋겠지요."

그는 자신의 강점에 집중했다. 주특기는 트레이드다. 기업을 상장시키는 일은 거의 해본 적이 없고 매니지먼트 업무도 좋아하지 않는다. 재직 당시 그의 결정 하나에 작게는 수억에서 수천억 달러가 움직였다. 짧은 시간에 고려해야 할 변수는 엄청났다. 중동의 불안한 정세, 자원 국유화로 세계 경제를 움직이려는 러시아, 유럽발 위기에 대한 각국 정부의 대처와 그 파장, 미 국내 실업률과 부동산 추이, 연방준비이사회FRB가 내놓는 대응에 대한 대응……. 그런 압박감과 스트레스를 그는 어떻게 이겨냈을까.

그런데 그의 대답은 뜻밖이었다. 스트레스를 거의 받지 않는다고 했다. 세계 최고의 트레이더로 꼽히는 그가 다른 평범한 트레이더와 다르다고 느낀 대목이다.

"내가 좋아하는 일을 하기 때문에 스트레스를 받지 않습니다. 더 잘해야겠다는 생각이 들 뿐이죠. 중압감도 들지 않습니다. 시장의 흐름을 내 방식대로 읽고 대응했을 때 잘 됐다, 잘 되지 않았다는 평가를 받죠. 제가 예상한 대로 읽었을 때는 짜릿함을 느낍니다. 도전의지가 생겨요. 못하면 다음에 좀 더 정확한 예측 모델을 개발하는 것이지요."

주식과 채권, 환율, 자원을 끊임없이 사고파는 시장은 그에게 끊임없는 배움이 일어나는 곳이었다. 새는 하늘을 날고, 물고기는 물에서 사는 것이 자연스럽다. 이것을 하느라 스트레스 받으며 살지 않는다.

그도 마찬가지였다. 우리가 겪는 스트레스의 많은 부분은 우리가 하는 일의 싫어하는 부분에서 온다. 어떤 사람은 그 싫어하는 부분이 20%일 수 있고, 어떤 사람에게는 80%가 될 수도 있다. 싫어하는 부분이 적을수록 퍼포먼스는 올라가고 스트레스는 낮아진다. 자신이 가장 좋아하고, 잘하는 일을 찾아 지속적으로 하다 보면 자신만의 가치가 올라간다.

"당신처럼 글로벌 인재가 되려면 어떻게 해야 합니까?"

그는 이렇게 답했다.

"자기가 하고 싶은 일을 하세요. 주위 사람들과의 관계를 잘 유지하세요. 물론 하드 워킹Hard working은 기본입니다."

이는 우리 주변의 작은 회사에서도 흔히 하는 이야기였다. 기본은 로컬이든, 글로벌이든 반드시 필요하고 중요하다는 것을 다시금 깨닫게 되었다.

사람을 움직이는 동인動因은 크게 두 가지로 나뉜다. 고통과 즐거움이다. 지혜로운 사람은 고통보다는 즐거움에 반응한다. 평범한 사람은 고통이 올 때 비로소 움직인다. 같은 움직임도 즐겁게 반응하느냐, 고통스럽게 반응하느냐에 따라 결과는 극과 극이다. 전자는 재정적으로 자유롭고 영적으로 충만한 마음으로 인생을 살아가지만 후자는 겨우 겨우 억눌린 마음으로 살아갈 수밖에 없다.

그의 유일한 취미는 미술품 감상이다. 이 미술품으로 장기 투자도

하고 있으니 '꿩 먹고 알 먹고'다. 아예 뉴욕 소호SOHO 쪽에 오피스를 연 것도 이 때문이다. 소호는 신진 유망 미술가들이 몰리고 그림 거래가 활발하게 일어나는 곳이다. 한국 작가로는 강형구 화가를 좋아하고 최근에는 중국 현대 작가들의 작품을 주로 구입하고 있다고 했다. 초등학교 때 그림 그리기 대회에서 대상을 받은 그가 조기 유학으로 이루지 못한 꿈을 이제 비로소 실현하고 있는 것이다.

"좋아서 사두면 몇 년 뒤에 가격이 훌쩍 뛰어오르죠. 이보다 좋은 취미가 어디 있을까요? 갖고 있는 동안 보면서 즐기고 가치까지 올라가니 말이죠. 주식과는 다릅니다."

예술과 투자는 심미안이 중요하다. 가치를 읽는 눈을 발휘해 평가절하된 작품이나 우량주를 발굴해내야 한다. 서머싯 몸William Somerset Maugham이 타히티에 살고 있는 고갱Paul Gauguin의 작품을 발견해 엄청난 가치를 올렸듯 탁월한 펀드매니저는 저평가되어 있는 회사 주식을 보는 남다른 눈을 가지고 있다. 둘 다 시장을 보는 눈이 정확해야 한다. 트렌드도 무시할 수 없는 요소다. 특히 예술품은 부자들의 취미와 닿아 있어서 이들의 돈 흐름을 쫓아갈 수 있는 중요한 가늠 장치가 된다.

문제가 어떤 이에게는 걸림돌이 되지만 어떤 이에게는 디딤돌이 된다. 다우 김은 투자은행이라는 조직 중 비교적 변방에서 첫 발을 내디뎠다. 날고 기는 동료들이 본사의 핵심 부서를 돌며 조직의 시스템을 배우고 인맥을 쌓을 때 그는 외국의 한 지사에서 외롭게 실력을 키워 가고 있었다. 그는 뜻밖에도 변방에서 도약의 계기를 얻었다고 했다.

"캐피탈 은행(JP모건에 합병)에 있었는데 첫 근무지가 도쿄지점이었습니다. 사실 본사를 벗어나면 변방으로 인정되는 분위기였죠. 그걸 개의치 않고 열심히 했더니 인정을 받기 시작했어요. 나중에는 트레이딩 거래에서 수익을 많이 내면서 1년에 1억 달러를 혼자서 벌어주었지요. 그 후 다른 월가 투자은행에서 러브콜을 받았습니다. 처음이자 마지막으로 메릴린치 은행으로 옮겼지요. 80년대 엔화가 강세였고 일본 마켓이 상당히 중요했는데, 이곳에서 실적을 잘 내면서 거꾸로 본사의 주목을 받았죠(그는 일본 담당임원으로 활동했고 나중에 본사 글로벌 투자 담당 부사장으로 승진, 금의환향했다). 당시 메릴린치는 골드만 삭스, 모건 스탠리보다 트레이드 부분이 많이 약했는데, 그곳을 택한 것도 제 위치를 확고히 할 수 있는 기회가 되었어요. 만약에 제가 월가에 있는 본사에서 근무를 했다면 과연 두각을 드러낼 수 있었을까요?"

누구나 인정할 수밖에 없는 성공을 거둔 다우 김. 그는 스스로 성공했다고 생각하고 있을까.

"한국인으로서 월가에서 최고의 위치에 올랐고 천문학적인 돈도 벌었습니다. 당신은 스스로 성공했다고 생각하시나요."

"내가 생각하는 성공의 정의는 두 가지를 충족해야 해요. 내가 행복한가, 내가 즐거워하는가. 이것이 가장 중요해요. 또 다른 하나는 다른 사람들이 당신이 남긴 유산을 어떻게 판단할 것인가의 문제입니다."

성공했느냐 그렇지 않느냐는 질문에 그는 이렇게 답했다. 그에게 성공은 현재진행형이었다. 오늘 하루도 행복하고, 즐겁게 일하는가. 그렇게 하루하루가 쌓여 훗날 남들이 볼 때 성공이라고 평가해준다면 감사하지만, 그 평가에 좌우되고 싶지 않다는 생각이 담겨 있다. 한때 세계 최대의 증권사에서 한국인으로 최고의 위치에 오른 사장의 직위도, 3,700만 달러의 연봉도 그에겐 '이 또한 지나간 일'이었다. 그에겐 새로운 하루가 시작된다. 이 하루를 즐겁고 행복하게 일할 수 있는 방법을 그는 알고 있었다.

살면서 '그때가 되면 행복하게 살지'라며 미래 가치를 담보로 현재의 일상을 희생하는 경우가 얼마나 많은가. 높은 직위에 오르기 위해, 더 많은 돈을 벌기 위해 우리는 내면에서 들리는 목소리에는 귀를 틀어막고 부지런히 액셀을 밟는다. 내 내면의 자아가 좋아하는지, 행복한지 무시한 채. 그래서 하루하루가 재미가 없다. 막상 목적지에 도착하고 보면 여기가 정말 자신이 도착하고 싶어 하는 곳이었는지 확신이 들지 않는다. 그제야 지나쳐 온 창밖의 풍경이 진정으로 아름다웠다고 아쉬움으로 추억한다.

종착역만을 향해 달려가지 말고, 가면서 주위도 살펴보자. 우리의 삶을 자유롭게 해줄 즐거움에 반응하며 살아가자. 성공한 그 날은 바로 오늘이고, 행복한 순간은 바로 지금이다.

세계 최고의 리더십 구루

워렌 베니스Warren Bennis

세계 최고의 리더십 전문가.
전 세계의 기업과 정부를 상대로 리더십 컨설턴트로 활약하고 있다.
남캘리포니아대학교USC의 경영학 교수이자 리더십연구소의 초대 학장을 역임했으며,
현재 USC 경영대학원 석좌교수이자 하버드대학교 행정대학원 공공리더십센터 자문위원회
의장으로 있다. 1925년 미국 출생.

"남의 모방품이 아닌
진정한 자기를 창조하세요."

졸업 후의 진로를 놓고 고민하던 한 대학생이 총장을 찾아갔다. 대학 총장은 유명한 학자이자 행정가로 이름을 떨치고 있었다.

"총장님처럼 훌륭한 학자가 되고 싶지만 어느 길로 가야 할지 고민이 됩니다."

"왜 안 되겠는가. 평소 자네를 지켜봐왔네. 자넨 잘해낼 걸세. 진로는 정했는가."

"총장님이 졸업하신 명문 대학원에 가고 싶지만, 입학이 가능할지 모르겠습니다. 수학 실력이 부족해서 대학원 입학시험에서 좋은 성적을 받지 못했습니다. 다른 학교를 알아보아야 할지, 취업을 해야 할지 판단이 서질 않습니다."

학생의 표정은 어두워 보였다.

총장은 학생을 바라보며 이렇게 말했다.

"자네, 지금 무슨 말을 하고 있는 건가. 자네가 할 수 없다면 누가 할 수 있다는 건가. 난 믿네. 나보다 더 훌륭한 학자가 되리라는 것을 말이네. 당장 지원하게. 내가 책임지고 도와주겠네."

총장의 그 말 한마디는 학생의 인생을 완전히 바꾸어 놓았다. 그 학생은 용기를 얻어 대학원에 진학했고, 새로운 분야를 개척해 명실상부한 '거인'이 되었다. 이 학생은 〈포브스〉지가 '리더십 대가들의 학장'이라고 부르는 워렌 베니스 박사다. 피터 드러커Peter Ferdinand Drucker가 경영학의 아버지라면, 워렌 베니스는 리더십의 아버지라고 그를 평가할 만큼 리더십 분야에서 독보적이다. 그는 MIT 교수를 거쳐 신시내티 대학 총장을 역임하고 남가주대학교USC에서 리더십연구소를 창립했다. 고령임에도 불구하고 지금도 USC 경영학 석좌 교수와 공중의 리더십을 위한 하버드대학교 센터의 자문위원회 의장으로 활발하게 활동하고 있다.

누구나 불확실한 시기를 보낼 때가 있다. 뛰어난 지성도 흔들리는 시기에 누구를 만나느냐가 인생을 결정짓곤 한다. 자신을 믿어주고 인정해주는 사람을 만나는 것은 어쩌면 인생 최대의 축복일지 모른다. 전폭적인 믿음은 그 사람 속에 있는 잠재력을 무한히 이끌어낸다. 세계의 종교 지도자, 역사를 바꾼 왕과 장군, 탁월한 기업가들은 이 같은 믿음의 비결을 알고 있었다.

미국 동서를 횡단하는 도로인 10번 고속도로에서 내려 도착한 곳은 샌타모니카Santa Monica 해변. 그의 자택은 바닷가 바로 옆에 있었다. 따사로운 햇살이 내리쬐는 남부 캘리포니아 해변가는 고령자에게 천혜의 주거지로 꼽힌다. 지팡이를 짚고 직접 문을 열어준 워렌 박사는 나를 2층 서재까지 안내했다. 젊은 어시스턴트가 있었지만 지난해 사고로 다친 발을 이끌고 직접 내려왔다.

탁 트인 바다가 한눈에 보이는 서재에 워렌 박사와 마주 앉았다. 워렌 베니스 박사는 수십여 년이 지난 지금도 마치 그날이 생생하게 기억나는 듯 눈을 지긋이 감고 말했다.

"그분을 만나면서 내 인생이 통째로 바뀌었지요. 가고 싶었던 MIT 경영대학원을 가려 했지만 수학 점수가 낮아 내 성적으로는 합격을 장담하기 어려웠어요. MIT가 아닌 다른 학교에 지원해야 하나, 고민 끝에 당시 경영학 거장으로 꼽히던 더글라스 맥그레거Douglas McGregor 총장님을 찾아갔지요."

당시 더글라스 맥그레거는 워렌이 학생으로 있던 안디옥 대학의 총장으로 재직하고 있었다. MIT 슬론 경영대학원에서 조직관리를 가르치던 맥그레거는 안디옥 대학의 총장직을 맡아 성공적인 학교 행정을 이끌어나가고 있었다. 맥그레거는 에이브러햄 매슬로Abraham H. Maslow 의 욕구 단계 이론을 받아들여 당시 경영학에서의 지배적인 이론이었던 X이론을 정면으로 반박하며 1950년대의 인간관계론 학파의 거두로 부상했다.

경영학개론에 빠지지 않고 나오는 X이론, Y이론은 지금은 초기 이론으로 치부되지만 50~60년대에는 치열한 논쟁을 벌이던 최신 경영 이론이었다. 쉽게 말하자면 X이론이란 '인간은 선천적으로 일을 싫어한다', '기업의 목표달성을 위해서는 통제나 명령, 상벌이 필요하다', '종업원은 책임을 지기보다는 명령받기를 좋아한다'의 3가지 원칙에 기초한 이론이다. X이론을 주창한 학자들은 경영자들이 직원들을 통제하고 권위적인 관리방식으로 회사를 경영해야 높은 성과를 얻을 수 있다고 주장했다.

맥그레거는 X이론을 정면으로 반박하고 나섰다. X이론은 명령통제에 관한 전통적 견해이며 낡은 인간관이라고 비판했다. 그는 대신 인간의 욕구는 무한정하므로 가능성에 집중해야 한다며, 일에 심신을 바치고 스스로 목표를 향해 전력을 기울이는 인간관을 중심으로 Y이론을 제장했다.

그래서였을까, Y이론의 주창자답게 맥그리거 총장은 자신을 찾아온 워렌에게 무한한 기대와 가능성을 심어주었고, 직접 추천서를 써주는 등 물심양면으로 도왔다. 그 덕분에 워렌은 낮은 수학 성적에도 불구하고 MIT 경영대학원에 무사히 합격했고, 이후 석·박사를 거쳐 MIT 교수로 발탁되면서 리더십 분야에서 독보적인 입지를 굳혔다.

"맥그레거 총장이 내게 한 가장 큰 일은 자신감을 되찾을 수 있게 해주고, 미래에 대한 확신을 심어준 것입니다. 아마 그가 없었다면 지금의 나도 없었을 것입니다. 내가 넓은 세상으로 나올 수 있도록 가능성을 열어준 최고의 멘토라고 말하고 싶습니다."

만일 워렌 베니스가 당시 Y이론이 아닌 X이론의 신봉자를 만났다면 무슨 일이 벌어졌을까. 어쩌면 자신의 재능을 꽃피우지 못한 채 평생을 평범하게 살아가지는 않았을까 생각도 든다.

베니스 박사의 행적은 젊어서 경험한 맥그리거 교수를 많이 닮아 있다. 워렌은 평소 도움을 청하는 학생이나 기업가들에게 아낌없는 조언과 도움을 주면서 격려를 아끼지 않는 교수로 정평이 나 있다. 그래서 학계뿐 아니라 기업가 세계에서도 존경과 찬사를 받고 있다. 스승이 이론가이면서도 안디옥 대학 총장을 역임하면서 대학 경영자로서도 인정받았듯, 베니스 박사도 당대 최고의 리더십 이론가이면서 신시내티 대학 총장을 맡아 명문 대학으로 키워냈다.

베니스 박사가 내게 자신을 만나는 유일한 조건으로 내준 과제가 있었다. 자신의 자전적 에세이 《Still Surprised》를 읽고 오라는 것이었다. 책의 제목에서도 느껴지듯 아흔을 바라보는 나이지만 그는 여전히 배움을 통해 놀라움을 발견하는 호기심 왕성한 학자의 면모를 보여준다. 이 책을 읽으며 그가 1943년 유럽에 주둔하던 미 육군 최연소 보병 장교로 2차 세계 전쟁에 참가했으며, 미국에서 전투 중 부상을 입은 군인에게 주는 퍼플 하트 훈장과 전쟁 영웅에게 수여하는 브론즈 스타 훈장을 받았다는 사실도 새롭게 알 수 있었다.

베니스 박사를 만나던 그 주, 미국 정가政街는 새로운 형태의 섹스 스캔들로 몸살을 앓고 있었다. 미 연방 하원의원이 트위터를 통해 외설 사진을 보낸 것이 들통이 났는데, 거짓말로 위기를 모면하려다 여론의 비난을 받았다. '터미네이터'로 잘 알려진 아놀드 슈워제네거 전 주지사도 집에서 오랫동안 일한 가정부와 혼외정사로 아이를 낳았다는 사실이 공개돼 논란을 불러 일으켰다. 미국 언론에서는 도덕적 권위를 상실한 정치 리더십이 신뢰 위기를 초래하고 있다는 비판들이 연일 쏟아져 나오고 있었다. 미국의 리더십 부재에 대한 경고등이 켜진 셈이었다.

베니스 박사가 미국의 리더십 부재를 알리기 위해 쓴 저서 《뉴리더의 조건》[5]이 전 세계에 반향을 일으킨 시점과 비슷한 상황이었다. 이 책이 첫 출간된 1989년 베를린 장벽이 무너지며 냉전이 종식되었고, 인터넷이 세상에 등장하면서 새로운 역사의 모멘텀이 도래했다. 20여 년이 시난 뒤 무바라크Hosni Mubarak 이집트 대통령은 페이스북과 트위터라는 소셜네트워크SNS가 일으킨 아래로부터의 혁명에 의해 권좌에서 물러났다. 이를 계기로 중동에 민주화 바람이 불었다. 반면 미국의 정가는 여전히 부정부패와 섹스 스캔들로 불신을 받고 있었다. 최초의 흑인 대통령인 오바마Barack Obama가 등장해 새로운 리더십을 기대했지만 보수주의자들의 제동에 막혀 개혁에 별다른 진전을 보이지 못하고 있다.

---

5) 2008년 개정증보판 《워렌 베니스의 리더》가 출시되었다.

나는 질문을 던졌다.

"당신은 수많은 책과 논문을 통해 기술적인 유능함, 대인관계, 상상력, 판단력과 취향 등 다양한 요소를 리더십의 요건으로 꼽았습니다. 리더십을 한마디로 정의하신다면요."

"한마디로 하자면 비, 노우, 두Be, Know, Do입니다. 힙합의 운율감이 느껴지지 않나요. 비, 노우, 두."

그가 빙그레 웃었다.

"Be는 원하는 존재가 되라는 말입니다. Know는 자신과 공헌하려는 분야를 알고 Do는 행동으로 실천해야 한다는 것이죠. 이 순서도 중요합니다. 바꾸면 안 됩니다. 리더십의 요체라 할 수 있지요. 다른 말로 설명하자면 Be는 사회적 지능Social intelligence을, Know는 현실 이해Define reality를, Do는 사회적 맥락Social context에서의 실천을 의미합니다."

쉽게 설명할 수도, 어렵게 설명할 수도 있는 것이 대가의 특징이다. 그는 《워렌 베니스의 리더십 기술》, 《퓨처 리더십》, 《시대와 리더십》, 《위대한 이인자들》 등 리더십 분야에서만 수십 권의 책을 저술한 리더십 분야의 최고 전문가답게 한 줄의 문장으로 명확하게 정의했다.

미국에서 성공한 사람을 만나면서 가장 인상적이었던 점은 그들이 갖고 있던 부와 영향력이 아니었다. 오히려 배려나 관용 같은 성품적 요인이었다. 베니스 박사는 나이가 무색하리만큼 정열적이고 자애로운 태도로 인터뷰에 임했다. 말을 할 때마다 얼굴에 환한 웃음이 피어났다.

나이가 들어 저런 미소를 가졌으면 할 정도로 아름다운 미소였다.

나는 질문을 계속했다.

"'비Be'부터 시작할게요. 어떻게 해야 원하는 존재가 될 수 있나요?"

"진짜가 되어야죠. 말 그대로 모방품이 아닌 진품이 되어야 합니다. 그러기 위해서는 두 번 태어나야 합니다. 첫 번째는 육체적인 탄생, 두 번째는 참 나의 탄생이죠. 그러려면 자신의 고유의 능력과 소망을 발견해서 자기 자신의 창조자가 되어야 합니다."

두 번 태어나야 한다는 그의 말에 산헤드린(유대 최고회의)의 의원인 니고데모가 밤에 예수님을 찾아갔다가 두 번 태어나야 한다는 말을 듣고 어리둥절해하는 장면이 떠올랐다.

"남을 즐겁게 하기 위해 자기 원칙을 버리고 심지어 사기 아이디어까지 죽이는 사람이 되어서는 안 됩니다. 우리가 살고 있는 제도나 권위자, 가족의 관습을 위해 존재하고 있는 것이 아니기 때문입니다."

나는 그가 오센틱 리더십Authenthic leadership을 말한다는 것을 알아챘다. 오센틱 리더십이란 자기 인식과 경험, 윤리가 바탕이 된 위에서 진정한 자신을 창조하는 것을 말한다. 머릿속이 복잡한 나와 달리 그는 편안하게 말을 이어갔다.

"난 노먼 레어Norman Lear의 이 말을 좋아해요. '무엇보다도 먼저 자기가 무엇이 되고자 하는지 찾아내요. 그것을 이루어요. 자신의 모습을 유지해요. 그리고 잃지 말아요.'"

"진짜가 되어야죠. 말 그대로 모방품이 아닌 진품이 되어야 합니다.
그러기 위해서는 두 번 태어나야 합니다.
첫 번째는 육체적인 탄생, 두 번째는 참 나의 탄생이죠. 그러려면 자신의
고유의 능력과 소망을 발견해서 자기 자신의 창조자가 되어야 합니다."

"You have to be real. Not a fake, not a counterfeit, but the real thing.
In order to be real, you have to go through a process of rebirth.
The first is the birth of your physical self and the second is the birth of your real self.
You have to discover your innate abilities and become your own creator."

하버드대 교수인 에이브러햄 잘레즈닉Abraham Zaleznik은 "한 번 새롭게 태어난 지도자와 두 번 새롭게 태어난 지도자, 이렇게 두 종류가 있다"고 했다. 두 번 새롭게 태어난 사람들은 일반적으로 성장할 때 고통을 받고 색다른 감정을 가지며 심지어는 고립감까지 느낀다. 그래서 정교한 자기 주관을 확립한다. 그들은 성장함에 따라 진정으로 독립하게 되고 전적으로 자기 자신의 신념과 사상에 의존한다. 그래서 두 번 새롭게 태어난 지도자들은 주관 있게 행동하고 자신감을 갖게 되어 진정으로 카리스마적이 된다는 것이다.

"'노우Know', 무엇을 알아야 합니까."

"자기 창조를 위해서는 자기를 알아야 합니다. 자기 인식이죠. 내가 무엇으로 구성되어 있고, 무엇을 만들고 싶은지, 어디로 가고 싶은지 알아야 합니다."

워렌 박사는 테이블 위에 있는 차를 한 모금 마셨다.

"솔직함이 자기 인식의 열쇠입니다. 정직하게 자신을 보아야 합니다. 자신의 장단점을 정직하게 파악해야 하지요. 또 성격을 판별해야 합니다. 즉 내가 가장 강렬하게 적극적으로 정서적인 행위나 윤리적인 행동에 반응하는 것이 무엇인가 알아야 해요. 왜냐하면 그 순간에 '이것이 진정한 나'라는 내면의 소리를 들을 수 있기 때문이죠."

그는 이렇게 간결하게 정리된 메시지를 막힘없이 술술 풀어냈다.

"가치관과 신념은 당신이 어떤 사람을 알려주는 지표입니다. 당신 자신의 가치관이 되어야 하지 다른 사람의 것이 되어서는 안 되거든요. 우리가 진실로 자신의 강점과 약점을 알기 전에는, 또 당신이 무엇을 하고 싶고 왜 그것을 하고 싶은지 알기 전에는 아주 피상적인 성공, 예를 들면 돈을 많이 벌거나 권력자가 되거나 큰 집에 사는 것 이상의 진정한 성공은 할 수 없습니다. 자신의 생각을 체계화하는 것은 자신을 창조하는 데 있어서 중요한 단계입니다. 당신의 생각을 말로 하거나 글로 써보세요. 안에 있는 걸 끄집어내는 것은 자신이 누구이고 또 무엇을 믿고 있는가를 알 수 있는 가장 좋은 방법입니다."

베니스 박사의 말은 미국의 사상가이자 시인인 에머슨Ralph Waldo Emerson의 생각과 일맥상통하는 면이 있었다. 에머슨은 "자기 내면의 소리에 귀 기울이고 그것을 따르라. 이를 따르는 것은 우리가 가진 가장 순수하고 가장 진실한 행동이다"라고 말한 적이 있다.

"마지막으로 '두Do'는 무엇입니까."

"훌륭한 리더는 이 모든 것이 행동 없이는 이뤄질 수 없다는 것을 압니다. 자신의 창조를 통해 진정으로 원하는 것과 이루고 싶은 것을 정하고 지식을 쌓았다면 이제는 행동으로 실현시켜야 합니다. 조직 구성원들과 직접적인 교류를 하고, 각자의 자질을 북돋아 스스로 중요한 인물이라고 느끼게 하고 각자 하는 일에서 의미를 찾게 해줘야 합니다."

구름 사이로 비쳐 들어오는 햇살 때문인지, 워렌 박사와의 열기 띤 대화 때문인지 서재 안이 더워졌다. 다른 질문을 던졌다.

"당신의 대표작인 《리더와 리더십》을 보면 미국 대통령 리더십 모델로 링컨, 루스벨트Franklin Roosevelt, 아이젠하워Dwight Eisenhower, 존 F. 케네디 등 4명을 꼽았습니다. 그 이후로 더 추가할 대통령은 없으신가요. 또 오바마 대통령의 리더십은 어떻게 평가하세요."

"4명의 대통령 이외에 더 꼽을 만한 대통령이 아직까지는 없어요. 다만 경제계에서는 훌륭한 리더들이 계속 탄생하고 있습니다. 잭 웰치 Jack Welch를 이어 GE를 계승한 제프리 이멜다 CEO, 세계적인 중장비 제조회사 캐터필라의 더그 오버헬먼Doug Oberhelman CEO, 펩시의 CEO 인드라 누이Indra Nooyi, 다국적 제약회사 노바티스의 대니얼 바셀라Daniel Vasella CEO, 스타벅스 하워드 슐츠Howard Schultz CEO, 포드의 앨런 멀러리Alan Mulally CEO 등이 대표적입니다. 오마바 대통령은 내 평생 가장 재능 있는 대통령으로 평가하고 싶어요. 취임하자마자 미국에 대해 좋지 않은 여론을 가진 여러 나라를 방문해 호감으로 바꾸어 놓았습니다."

"당신은 리더의 중요한 자질로 '경청'을 꼽았는데요."

"경청만 잘해도 잘 이끌 수 있어요. 예를 들어볼게요. 스타벅스 하워드 슐츠 회장이 일본 시장 진출을 앞두고 시장조사를 했는데, 회사에서 극심한 반대에 부딪혔어요. 외부 컨설팅 회사는 일본인이 원래 다도문화에 심취한 민족이라 종이컵을 사용하는 커피문화가 자리를 잡지 못할 것이라며 부정적인 전망을 내놨습니다. 회사 내부에서도 지금 우리가 미국 내에서 폭발적으로 성장하고 있어서 체인점 확장만 신경 써도 힘든 판에 해외로 눈을 돌릴 여유가 없다는 이유로 주요 간부들이 결사 반대를 했습니다.

당황한 슐츠는 회의를 잠시 중단하고 나와 내게 전화를 걸었어요. 무시하고 강하게 밀고나가야 할지, 포기해야 할지 내 조언을 구하더군요. 나는 그에게 회의실로 돌아가 일단 직원들이 우려하는 사항과 불만들, 향후 전망을 모두 진지하게 들으라고 했어요. 충분하게 들은 다음 본인의 비전을 솔직하고 차분하게 전달하라고 했습니다. 얼마 뒤 스타벅스의 일본 진출이 결정됐다는 말을 슐츠 회장에게서 들었습니다. 미국 시장이 포화된 지금, 아시아 시장은 스타벅스의 성장동력이 되었습니다. 그때 포기했더라면 미래 시장을 잃어버렸을 겁니다. 그렇다고 밀어붙였다면 직원과의 소통 문화가 어그러졌겠지요. 제대로 듣기만 해도 효과가 있는 것이 바로 경청 리더십의 힘입니다."

스타벅스의 한국 진출을 물으면서 화제는 자연히 한국으로 옮겨갔다. 베니스 박사는 한국에 대해 관심이 많은 듯했다. 그는 얼마나 많은 미국의 패스트푸드 브랜드가 한국에 진출했는지, 어떤 브랜드인지 물었다. 또 미국에 살고 있는 한국인이 얼마나 되는지, 그들이 한국 역사를 알고 있는지 꼬치꼬치 캐묻기도 했다.

이야기가 물 흐르듯 흐르며 다음 주제로 넘어갔다. 직장인들은 흔히 일은 괜찮은데 인간관계가 쉽지 않다는 말을 한다. 이직 사유도 인간관계 문제의 비중이 높다. 어느 조직이나 인간관계는 딜레마다. 원활환 인간관계를 맺으면서 리더십을 잘 발휘하기란 쉽지 않다. 성과 있게 하려고 잔소리를 하면 독한 상사로, 너무 잘해주면 무능한 상사로, 상사의 부탁을 잘 받아주면 만만한 직원으로, 회사에 할 말 좀 하면 반항적인 직원으로 자신도 모르게 분류가 된다.

"리더십은 사람을 움직이는 영향력에서 비롯되는데, 조직에서 인간관계를 잘 맺기가 쉽지 않습니다. 어떻게 인간관계를 잘 맺으면서 리더십을 발휘할 수 있을까요?"

"몇 가지 원칙이 있어요. 첫째, 사람들을 당신이 바라는 방식이 아닌, 있는 그대로의 그들로 받아들여보세요. 섣불리 판단하려 들지 말고 그 사람이 가지고 있는 특성 그대로 이해해보세요.

둘째, 가까운 사람에게 잘하세요. 낯선 사람에게는 정중하게 대하면서도 절친한 사람들은 소홀히 대하며 이를 당연하게 생각하는 경향이 있어요.

셋째, 리스크가 아주 커 보이는 상황이라도 상대를 믿어줄 수 있는 능력이 필요합니다. 못 믿으면서 일을 시키는 리더는 반드시 실패합니다.

마지막으로 일을 추진해나갈 때 모든 사람들의 동의나 인정을 받지 않고서 지낼 수 있어야 합니다. 내면의 성숙함이 있어야 가능한 일이죠. 항상 모든 직원의 동의를 얻으려는 노력은 해롭고 비생산적이며 관계를 파괴합니다."

사람들은 베니스 박사가 들려준 조언과 정반대로 행동하고 있는 경우가 많다. 상사나 부하, 혹은 부모나 자식을 자신의 방식대로 이해하려고 하고 그 범위를 벗어나면 비판한다. '정말 이해를 못하겠어' 하고 머리를 흔들면서. 그런데 굳이 이해하려는 수고 없이 그냥 '그런 사람이구나' 받아들이면 편안해진다. 가까운 사람들은 어쩌면 우리 인생에서 행복과 성취를 좌우하는 핵심 멤버들이다. 그런데 우리는 절친하다는 이름으로 소홀히 한다. 자기 내면의 성숙함이 인간관계의 질을 좌우하는 것이다.

이제 슬슬 마무리할 시간이 되었다. 평생 리더십이라는 한 우물을 파온 그가 자신의 인생에 제목을 붙인다면 어떤 단어를 선택할까, 궁금해졌다.

"만약 당신의 일생이 영화로 만들어진다면 어떤 타이틀을 붙이고 싶은가요."

베니스 박사는 "좋은 질문"이란 말을 연발하더니 턱을 괴고 긴 상념에 빠졌다. 지금까지의 대화에서 가장 오랜 침묵이었다. 창밖의 해변에는 안개가 완전히 걷혔다. 햇살 사이로 수영복을 입은 아이들이 뛰어다녔다. 그가 침묵을 깨고 입을 열었다.

"하나로 정하기가 무척 어렵군요. 두 가지 제목이 생각났는데 하나는 '제너러스 컴퍼니Generous company'고, 또 하나는 'D.U.I.C.'라고 붙이고 싶네요."

그가 말한 두 가지 제목 모두 그의 이미지와 맞아떨어졌다. 제너러스 컴퍼니는 관대한 친구라는 뜻이다. 필요한 사람에게 손을 내밀고 등을 내주는 친구는 그가 가진 인자한 이미지를 연상케 했다. 'D.U.I.C'에서 DUIDriving under the influence(of Alcohol or drug)는 주로 음주나 약물 운전 등을 의미하는 교통용어다. 따라서 DUICDUI of Cellphone는 휴대폰에 영향을 받는 운전을 가리킨다. 베니스 박사는 C에 해당하는 셀폰Cellphone 대신 호기심Curiosity을 넣어 조어를 만들었다. 의역하자면 '호기심에 이끌린 인생'이란 뜻이다.

마지막으로 베니스 박사에게 사인을 부탁하며 책 한 권을 내밀었다. 한국에서 미국으로 올 때 가져온 책이었다. 대학 때 산 그의 저서 《뉴 리디의 조건》으로, 구입한 지 15년도 더 된 책이다. 그가 사인을 하는 동안 지구 반대편 한국에서 어렵게 공부하던 대학생이 존경하는 저자에게 직접 사인을 받고 있다는 사실이 감격스러웠다. 베니스 박사는 내 윗옷을 직접 건네주며 입구까지 배웅을 했다.

내가 던졌던 질문이 내 마음속을 맴돌았다. '내 인생의 타이틀을 정한다면 어떤 제목을 달 수 있을까.'

이 질문에 제대로 답변을 하려면 '진정한 자신이 되어라'는 베니스 박사의 메시지를 실천하는 사람이 되어야 하지 않을까. 인생의 황혼을 맞았을 때, 당신의 인생이 어떤 제목이었으면 하는가?

세계 최고의 열정가
하워드 슐츠Howard Schultz

스타벅스 회장 겸 CEO.

전 세계 사람들이 즐겨 마시는 스타벅스 커피를 세계 최대 카페 체인으로 만든 1등 주역.

시애틀의 작은 커피전문점이던 스타벅스의 마케팅 책임자로 시작,

스타벅스를 인수하며 새로운 문화를 만들어냈다.

자서전으로 《온워드》가 있다. 1953년 미국 출생.

"꿈을 실현할
그 무엇을 만나거든
절대로 놓치지 마세요."

Lessons from the TOP

슐츠는 작은 에스프레소 바를 보았다. 바리스타가 그에게 도자기로 만든 작은 커피잔에 에스프레소를 담아 건넸다. 그는 완벽한 하얀 거품이 떠 있는, 손으로 만든 카푸치노를 경탄스런 눈으로 신비한 세계를 들여다보듯 보았다. 바리스타는 일하는 내내 고객과 즐거운 대화를 나누며 우아하게 커피 원두를 갈고 에스프레소를 뽑아내며 우유를 데우는 일을 동시에 하고 있었다. 물끄러미 이 장면을 바라보던 슐츠는 손을 내밀어 잔을 들고 한 모금을 마셨다. 강하고 관능적인 맛이 혀를 스치고 지나갔다. 세 모금 정도 마시자 그러한 맛은 지나가고 따뜻함과 에너지를 느낄 수가 있었다. 슐츠에게 스타벅스 커피와의 만남은 강렬한 첫 키스 같은 느낌이었다. 그는 이 느낌을 평생 놓치지 않기로 결심했다.

커피와 비의 도시로 잘 알려진 도시. 톰 행크스Tom Hanks와 맥 라이언Meg Ryan이 주연한 영화 〈잠 못 이루는 밤〉으로 잘 알려진 시애틀. 다운타운 인근 부두에서 10분 거리에 스타벅스 본사가 있다. 이 건물의 8층에 있는 회장실에서 커피를 팔아 연 100억 달러를 버는 세계 최대 카페 체인 스타벅스 하워드 슐츠 회장이 힘을 주어 설명했다.

"많은 사람들은 말합니다. '내게 결코 기회가 온 적이 없어'라고요. 하지만 잘 돌이켜보면 수많은 기회가 내 곁을 지나갔습니다. 단지 그 기회를 잡지 않은 것뿐입니다. 나는 다가온 그 기회를 온힘을 다해 잡았습니다. 물론 처음에는 희생이 따랐지만 나중에 충분한 보상을 받았지요. 만약 그때 그 기회를 잡지 않았더라면 지금까지 후회를 하고 있겠지요."

'기회를 어떻게 붙잡았느냐'는 나의 첫 질문에 대한 답변이었다.

1981년 슐츠는 제록스를 그만두고 뉴욕에서 다국적 가정용품 생산업체인 해마플라스트에서 일하고 있었다. 그런데 일을 하다 보니 궁금증이 생겼다. 시애틀의 한 작은 커피숍이 드립식 커피 추출기를 유난히 많이 구입하고 있었던 것이다. '어떻게 규모도 작은 커피숍에서 그렇게 많은 물량을 구입하는 거지?' 알아보니 그 곳은 스타벅스였다. 그 커피숍은 커피를 일일이 추출해 풍부하고 깊은 맛을 내는데, 지역 주민에게 큰 인기를 얻고 있다고 했다.

슐츠는 시간을 내어 시애틀에 있는 스타벅스를 방문했다. 첫 잔을

들이키자마자 그는 이곳이 자신이 있어야 할 곳이라는 것을 알았다. 당시 커피는 사람들에게 잠을 깨기 위한 각성제쯤으로 여겨졌지만, 슐츠는 이제 변화가 시작돼야 한다는 강한 열정에 휩싸였다. 다시 회사로 돌아온 그는 스타벅스를 잊을 수 없었다.

그러나 현실 세계에서는 낭만적인 꿈을 위해 포기해야 할 것이 너무 많았다. 스타벅스에서 일한다는 것은 1979년 당시 7만 5,000달러에 달하는 연봉과 부사장 직함, 회사 차, 판공비, 1년에 4차례 스웨덴 방문을 포함한 무한정의 여행권을 포기해야 한다는 것을 의미했다.

하지만 앞서 말한 대로 그는 자신이 찾은 기회를 놓치지 않았다. 해마플라스트를 뛰쳐나와 고작 몇 개 지점을 가진 동네 커피숍 스타벅스의 마케팅 책임자로 자리를 옮겼다. 하지만 창업 경영진들과 자주 부딪혔다. 슐츠는 이탈리아 밀라노 출장 중 에스프레소에 스팀밀크를 넣어 만든 깔끔한 카페라떼와 열정과 낭만이 가득한 사람들이 편히 앉아서 커피를 즐기는 모습에 충격을 받았다. 미국에 돌아와서 창업주에게 이런 스타일의 커피숍을 들여오자고 제안했지만 받아들여지지 않았다.

'내가 생각하는 커피숍을 직접 차리면 안 될까.'

자신에겐 의지와 열정이, 주변에는 그의 생각에 동조해주는 동료가 있었다. 슐츠는 두 번째 기회의 문을 두드렸다. 이번에도 모험을 감수해야 했다. 그는 1986년 스타벅스를 나와 커피바 '일지오날레'를 시애틀에 차렸다. 열심히 뛴 보람이 있어 사람들은 새로운 콘셉트의 커피숍 출현에 열광했다. 세 번째 매장을 캐나다 밴쿠버에 낸 직후 스타벅

"많은 사람들은 말합니다. '내게 결코 기회가 온 적이 없어'라고요.
하지만 잘 돌이켜보면 수많은 기회가 내 곁을 지나갔습니다.
단지 그 기회를 잡지 않은 것뿐입니다.
나는 다가온 그 기회를 온힘을 다해 잡았지요.
물론 처음에는 희생이 따랐지만 나중에 충분한 보상을 받았습니다."

"People often say that they were 'never given the opportunity'.
But if they were to look back, they would see that the opportunity was right there.
It was just that they did not grab it when they could.
I grabbed that opportunity when it came to me.
I had to make sacrifices at first but, ultimately,
I feel I have been amply rewarded for the sacrifices I made."

하워드 슐츠

스 경영진이 스타벅스 브랜드를 팔고 피츠 커피앤티Peet's Coffee&Tea 만 경영하고자 한다는 소식을 들었다. 슐츠는 다시 오지 않을 기회라고 판단했다. 투자자들을 물색해 자금을 모아 마침내 1987년 스타벅스를 인수했다. 성공이 보장되지 않는 세 번째 도전이었다. 그리고 우리가 알고 있는 '스타벅스 신화'가 시작됐다.

슐츠 회장의 말처럼 수많은 기회가 우리의 곁을 지나간다. 누군가의 조언이나 떠오른 아이디어가 지나가지만 슐츠와 달리 보통 사람들은 모든 것을 걸지 않는다. 혹시 모를 위험과 실패를 방지하기 위해서다. 하지만 때론 모든 것을 걸어야 '작동'되는 경우가 많다. 우리의 가슴을 뛰게 하는 '그 무엇'을 무관심하게 지나치지 않았는가. 그리고 세월이 지나 '그걸 예전에 내가 생각했던 건데 말이야'라고 생기 없이 말하고 있지는 않은가. 그 무엇은 어느 것도 될 수 있다. 노래나 피아노, 그림, 책, 법률, 차, 도자기, 세일즈…… 제품이 될 수도 있고 서비스가 될 수도 있다.

슐츠 회장을 만나기 하루 전날, 수없이 떠오르는 질문들 가운데 어떤 질문을 추려야 할지 머릿속이 복잡했다. 시애틀에 간다 하니 한 선배는 "부둣가에 있는 크랩 팟Crab Pot 레스토랑에 꼭 가봐. 바다 위 석양을 보며 통통하게 살이 오른 게를 먹는 것만큼 시애틀에서 멋진 경험은 없어"라고 했다. 그 말을 듣고 식당에 오긴 했지만 나는 음식을 먹는 둥 마는 둥 했다. '무엇이 슐츠를 새로운 도전에 반응하게 했을까'라는 질문이 머릿속을 떠나지 않았다.

다음날, 잠을 설친 탓인지 아침에 일찍 일어나 예정 시간보다 조금 일찍 스타벅스 본사에 도착했다. 본사는 전 세계에서 온 관광객들로 붐볐고 한국에서도 단체 관광객이 온 듯 한국말이 들렸다. 이곳은 이미 시애틀의 주요 관광명소였다.

잠시 후 비서가 나와 회장실로 안내했다. 내부로 들어서자 비서가 양해를 구했다.

"죄송합니다만, 출시를 앞둔 신제품들이 전시되어 있기 때문에 내부에서 사진 촬영은 절대 안 됩니다."

과연 구석마다 있는 부스에는 시즌별로 내놓을 신제품들이 미리 전시돼 있었다. 일종의 프로덕트 라인이었다. 벽에는 스타벅스의 상징이자 로고인 초록 사이렌Siren(반은 여자이고 반은 새인 요정) 두 개가 함께 걸려 있었다. 하나는 1971년 창업 당시 만들었던 최초의 검정색 로고였고, 또 하나는 스타벅스 커피라는 글자를 없앤 지금의 녹색 로고였다. 알다시피 '스타벅스'라는 이름은 소설 《백경Moby Dick》에 나오는 일등 항해사 '스타벅'이 커피를 좋아하는 데서 따왔다. 지금 이 이름은 가장 유명한 브랜드 중 하나가 되었다.

시애틀은 커피의 본고장으로 유명하다. 미국 대도시 가운데 겨울에 비가 가장 많이 내리는 곳이기 때문이다. 우중충한 아침 날씨의 눅눅한 기분을 털어내고 활기 있게 생활하기에는 강한 카페인이 담긴 커피

만한 음료가 없다. 스타벅스를 위시해 '에스프레소 비바체', '시애틀즈 베스트' 등의 유명한 커피전문점 1호점이 모두 시애틀에서 탄생한 것도 이런 연유다.

한 층 전체에는 커피 내부는 신선하게 로스팅한 커피 원두의 향기가 풍겨져 나왔다. 마침내 회장실에 도착했다. 문을 열자 하얀 셔츠를 입은 하워드 슐츠 회장이 반갑게 악수를 청했다. 창문 바깥으로는 타코마 항구가 보였다. 크고 작은 컨테이너선이 출입항하는 이곳은 서북부 최대의 관문이다. 잠시 경치를 감상한 후 자리에 앉았다. 검정색 탁자와 하얀 의자가 하얀 셔츠를 입은 슐츠 회장과 잘 어울렸다. 세계에서 가장 큰 커피숍을 운영하고 있는 그에게 두 번째 질문을 던졌다.

"커피는 당신에게 어떤 의미입니까."

나는 분야의 대가들을 만날 때마다 그들이 가장 소중히 여기는 핵심 단어에 대한 정의를 물어보곤 한다. 그 정의에는 그 사람만의 철학이 녹아 있기 때문이다. 잠시 침묵이 흐른 뒤 슐츠 회장이 입을 열었다.

"커피요? 커피는 많은 것을 의미합니다. 커피는 세상에서 가장 로맨틱한 음료입니다. 커피와 비슷한 다른 음료는 거의 찾아보기 어려워요. 사람들과의 만남을 가져오고, 더 나아가 세계에서 가장 많은 인구가 매일 마시는 음료이기도 하죠. 커피는 인간의 삶과 공동체와 긴밀하게 관련돼 있어요. 그리고 이 커피는 내 인생에 엄청난 축복을 가져다주었죠. 확연하게요."

스타벅스에서는 직원들을 '파트너Partner'라고 부른다. 종업원이 아닌 '동업자'로 규정하는 것이다. 직원들은 회사의 열정을 고객에게 전달할 책임을 지닌 사람들이라는 슐츠의 경영철학 때문이다. 슐츠는 실제로 모든 파트타임 파트너들과 그 가족들에게 종합적인 의료혜택을 제공하고 있다. 파트너를 사업의 동반자로 만든 스톡옵션 제도인 '빈 스톡Bean stock' 제도도 도입했다. 그 결과 경쟁업체 이직률이 연간 150~400%인 것에 비해 스타벅스는 60~65%로 상대적으로 적다. 매니저급의 이직률은 다른 소매점의 절반인 25%에 불과하다.

이런 그의 철학은 의료보험 혜택을 받지 못하고 죽어가는 아버지를 보고 있어야 했던 그의 어린 시절 경험과 깊은 관련이 있다. 그는 뉴욕 브루클린 출신이다. 당시 브루클린은 빈민촌의 대명사로 통했다. 곳곳에는 노숙자들로 넘쳐났고 거리는 오물 투성이었다. 그의 아버지는 트럭 운전을 하다 사고로 다리를 다친 뒤 의료보험 혜택조차 받지 못한 채 회사에서 해고됐다. 어린 슐츠는 열두 살 때부터 신문배달과 식당 아르바이트를 하며 돈을 벌었다. 그에게 유일하게 즐거운 기억은 운동이었다. 농구와 풋볼에서 두각을 드러냈다. 쿼터백 출신이었던 슐츠는 노던미시간대 체육 특기생으로 합격하면서 브루클린을 빠져나올 수 있었다. 하지만 대학에서는 별다른 활약을 펼치지 못했다.

그는 졸업 후 대형복사기 회사인 제록스 영업사원으로 사회에 첫발을 내디뎠다. 하루 100통 넘게 전화를 걸고 물건을 팔기 위해서 어디든 갔다. 문전박대를 받기 일쑤였지만, 3년간 영업맨 생활을 통해 체계적인 세일즈 기술과 포기를 모르는 근성을 배웠다. 그렇게 해서 다국적 기업의 부사장까지 올라갔고, 스타벅스라는 조그만 커피숍을 만나면서 새로운 인생의 막을 열었다.

"지금도 브루클린 지역은 타 지역보다 상대적으로 낙후돼 있습니다. 당신은 브루클린 출신으로 역경을 이겨내고 지금 이 자리에 올랐습니다. 미국과 다른 나라에서 가난으로 고통 받고 있는 세대를 위해 조언을 해주세요."

슐츠는 무릎 위에 손가락을 모으면서 말했다.

"가난한 배경에서 자란 당사자로서 남보다 눈에 띄게 가난하면 어떤 감정을 가지게 되는지 충분히 이해합니다. 하지만 그런 가난 때문에 자신이 품고 있는 꿈도 이룰 수 없다고 믿는다면 그 것은 잘못입니다. 단순히 가난이 그렇게 만드는 것이 아니기 때문입니다. 직업적인 기회는 누구에게나 얼마든지 주어질 수 있습니다. 또한 학교에서 깊이 있는 교육을 받아야 합니다. 그렇게 꿈을 크게 가지고, 더 큰 꿈으로 키워가야 합니다. 그 누구도 자신의 꿈을 방해할 수 없는 것이죠.

동시에 인맥도 중요한 부분입니다. 관련 분야의 사람들로부터 많은 정보를 얻고, 자신의 능력과 조화를 이루는 사람들에게서 기회의 장을 열 수 있는 환경을 스스로가 만들어내야 합니다. 그런 사람들은 자신과 비슷한 가치를 갖고 있는 사람들이어야 하지요. 또한 기술개발의 혁신과 더불어 컴퓨터의 보급, 정보의 접근성 등을 생각해볼 때, 현대 사회는 과거에 비해 열려 있습니다. 그러니 내가 어렸을 적보다 성공할 가능성이 훨씬 높다고 생각합니다. 나의 성장 환경에 비춰볼 때 지금 가난으로 괴로워하는 이들에게도 얼마든지 가능성이 있다는 것을 알려주고 싶습니다."

"인생에서 가장 영향력이 컸던 사람은 누구인가요."

나는 그가 가능성의 힘을 믿으며 거침없이 도전하도록 도와준 사람은 누구인지 궁금했다.

"흠……. 어머니, 어머니가 아닐까 싶어요. 공교육을 받지 않으셨지만 항상 세 아이들에게 창의력과 꿈이 현실로 바뀔 수 있다는 점을 강조하셨죠. 또한 내 어머니가 바로 그 가르침의 실제적인 증인이었습니다. 다시 말해 당신이 특별하게 혹은 부유하게 태어나지 않았다 해도 자신의 영감어린 도전을 통해 기적을 만들어갈 수 있다는 사실을 우리에게 가르쳐주셨어요."

회장실 가운데 있는 유리 상자가 눈에 띄었다. 그 안에는 오래된 글러브 하나가 들어 있었다. 슐츠 회장이 어린 시절 아버지와 공을 주고받던 글러브였다. 슐츠는 저 글러브를 보며 무슨 생각을 할까. 가난하던 시절 초심을 잊지 말자는 생각, 아니면 그때 아버지와의 행복한 기억을 떠올릴까.

내가 슐츠 회장을 만났을 때는 그가 워싱턴 정가에 '태풍의 눈'처럼 등장했을 때였다. 기업의 정치인 기부 중단을 주장해 큰 파장을 일으켰던 것이다. 연방 의회가 국가 부채를 해결할 때까지 정치 기부금을 내지 말자는 그의 호소에 이미 100개 이상의 기업이 동조 의사를 밝힌 상태였다. 이로 인해 미국 정치인들이 느끼는 공포는 엄청났다. 여론까지 이에 합세해 움직였기 때문이다. 슐츠는 미국 경제를 살리기 위해서는 정치권이 나서야 한다고 주장했다. 그가 기업의 정치 기부 중단을 선언한 배경을 물었다.

슐츠는 정치 쪽으로 화제가 옮겨가자 상반신을 일으켰다.

"미국의 경제 위기 극복이 늦어진 데는 당파적인 정치 리더십이 한몫하고 있어요. 국가의 운명에 중대한 고비를 맞고 있는 상황에서 방관할 수가 없었습니다. 금융위기가 시작되면서 실업률은 치솟았고, 특히 소수계 인종의 경우는 실업률이 더욱 높습니다. 그런데도 정치권에서는 당파적 의제에만 집중하고 있습니다. 기업들이 그런 정치인들에게 기부하느니 그 돈을 일자리를 더 만드는 데 직접 투자하는 게 낫다는 것이지요."

슐츠 회장은 정치인에 대한 기업의 기부 중단을 주장한 이후 미국의 일자리 창출 캠페인 'Create jobs for USA'를 지원했다. 그는 캠페인이 시작되자마자 200만 달러를 기부했고, 스타벅스 재단도 중소기업 자금대출 기금을 위해 막대한 자금을 지원했다. 이런 노력이 기업들의 호응을 받았고, 점차 확산되어 현재는 1억 달러 가량을 조달해 중소기업에 저금리 대출을 제공하고 있다.

"지금까지의 성공에 특별한 비결이 있다면 어떤 걸까요."

1987년 슐츠가 스타벅스를 인수합병할 때만 해도 스타벅스는 잘 알려지지 않은 커피숍 브랜드였다. 슐츠는 미 전역으로 지점을 확장하기 위해 구두굽이 닳도록 뛰어다녔다. 수없는 거절 통보를 받으며 낙심했지만 포기하지 않았다. 투자자들을 설득하고 직원에게 영감을 불어넣으면서 회사를 키웠다.

"돌이켜보면 나는 항상 무언가를 하고 싶다는 의지가 있었던 것 같아요. 사업가가 되어서 무언가를 창조해내겠다는 본성 같은 것 말이죠. 첫 직장생활을 제록스에서 했습니다. 대기업이 어떻게 운영되는지, 어떻게 시스템화되어 있는지에 대해 정말 값진 훈련을 받을 수 있었고, 그것이 자신감을 갖게 된 계기가 되었어요. 제록스를 그만둘 때도 단지 그 회사를 떠난다는 생각보나 그동안 기다려왔던 무언가를 스스로 할 수 있다는 생각을 가졌습니다."

슐츠는 스타벅스가 점포수가 1만 개에 육박하는 세계적인 기업으로 성장하던 2000년 CEO 자리를 내놓았다. 휴식이 필요해서였을까, 내면에 찾아온 공허감 때문이었을까. 그동안 스타벅스는 슐츠의 리더십 아래 쉴 새 없이 매출상승 곡선을 그렸다. 심지어 '스타벅스는 커피를 갈아 금으로 만든다'는 제목의 기사까지 나오기도 했다.

하지만 스타벅스는 슐츠가 물러난 지 7년 만에 금융위기를 맞으면서 방문 고객 증가율이 사상 최저치로 떨어지는 등 총체적 위기에 휩싸였다. 슐츠는 위기에 빠진 회사를 구하고자 2008년 1월 8년 만에

CEO로 전격 복귀했다. 그리고 스타벅스를 송두리째 바꿔놓은 초유의 혁신 프로젝트를 감행했다.

"자본 없이 스타벅스를 인수한 것과 복귀해 회사를 살리는 것, 둘 중 어느 것이 더 어려웠나요."

"CEO로 컴백해서 회사를 개혁하는 것이 더 어려웠어요. 비즈니스를 시작할 때에는 뒤에서 밀어주는 바람을 타게 됩니다. 사업적인 탄력이라고 할까요. 또 그때는 오직 앞으로만 가는 가능성에만 집중하게 됩니다. 하지만 내가 CEO로 다시 돌아왔을 때는 회사의 모든 부분을 다시 개혁해야만 했습니다. 하지만 3년간의 힘든 구조조정이 끝난 지금, 스타벅스는 창립 이래 가장 크게 성장하고 강해졌습니다. 개인적으로는 무척 만족하고 있지만 절대 겸손함을 잃지 않도록 애쓰고 있습니다. 제가 자주 되새기는 문구가 있습니다. '성공은 주어지는 것이 아니라 매일 획득하는 것이다Success is not entitled, and it has to be earned, everyday.'"

그에게 있어서 성공은 획득하는 것이다. 거저 주어지는 것이 아니라 머리와 손과 발에 의해서 얻어내는 것이다. 얼마나 많은 사람들이 벼락부자를 꿈꾸는가. 하루하루 미래를 향해 성실하게 걸어가기보다 지름길을 찾아가고 있지는 않은가. 돌아온 창업자 슐츠 CEO에 대한 주주들의 과중한 기대, 월가 투자자들의 수익 압박, 스타벅스에 찾아온 위기를 폭로했던 언론과의 불편한 관계 등을 이겨내고 그는 컴백에 성공했다.

"개혁 과정에서 많은 문제에 부딪혔을 텐데요."

"모든 비즈니스에는 어려운 고비가 항상 존재한다고 생각합니다. 사업이 잘 되어가는 순간에도 어려움에 맞서야 할 지속적인 도전들이 항상 존재합니다. 문제는 그러한 상황에 대비해 만반의 준비를 하고 그에 맞는 훈련이 돼 있느냐는 것이죠. 무엇보다 실패로부터 배워서 또다시 같은 실수를 범하지 않는 것이 중요합니다. 다시 말해 회사가 추구하고 있는 '가치'라는 렌즈를 통해 그 문제들을 바라보고 해결할 수 있어야 합니다. 기업가의 가장 큰 책임의 하나는 조직에 가치를 심어주는 것입니다."

나는 그가 언급한 '가치라는 렌즈'에 주목했다.

"기업에 어떻게 가치를 심을 수 있을까요."

"마치 어린아이를 기르는 것과 같아요. 사랑하며 공감하면서 자녀에게 올바른 가치를 새겨준다면, 그들이 청소년이나 성인이 되었을 때 설혹 잘못된 길로 빠져들었다 하더라도 그들을 믿을 수 있을 겁니다. 만일 그들이 좋은 가치들을 배웠다면 다시 되돌아올 수 있는 중심선을 갖게 되었을 테니까요."

이에 반해 빠른 성장을 하는 회사들은 이러한 '면역성'을 갖추지 못한 채 발전 단계를 통과한다고 했다. 그러면 문제점이 침투해왔을 때 어떻게 될까. 그 결과는 불 보듯 뻔한 일이다. 슐츠는 또한 시스템과 절차들을 개발하는 과정에서 직원들의 창의성을 질식시켜서는 안 된다고 역설했다. 무의미한 관료적 절차로 창의성을 억제한다면 수많은 미국 회사들이 저지른 실수를 똑같이 저지르는 것이 된다고 충고했다.

현재 스타벅스는 50여 개국 1만 6,000여 개 매장에서 100억 달러 이상의 연매출을 올리고 있다. 슐츠는 CEO로 복귀한 지 3년 만에 스타벅스를 흑자로 돌려놓았다. 이는 공짜로 된 것이 아니었다. 개혁과정에서 무수한 반대를 이겨낸 결과였다.

2008년 2월 스타벅스 본사 8층 회의실. 당시 슐츠가 CEO로 복귀한 지 한 달 만이었다.

임원 전체가 모인 자리에서 각종 문제점이 제기됐다. 과도하게 매장을 늘려나가면서 커피 맛을 균일하게 유지하지 못한 점이 가장 큰 문제로 도마에 올랐다. 불친절한 서비스에 대한 고객 불만도 늘었다. 슐츠가 선택한 비장의 카드는 일시적인 영업 중단과 재교육이었다.

"떠난 고객을 잡기 위해 매장 문을 닫고 직원들에게 커피 만드는 법부터 다시 가르쳐야 합니다."

그러자 임원 한 명이 "전 매장이 반나절만 쉬어도 600만 달러의 매출이 줄어듭니다"라면서 반대했다. 다른 임원들도 매출 하락을 불러오는 영업 중단만은 안 된다고 거들었다. 하지만 슐츠는 단호했다. 3주 뒤 미국 전역의 7,100여 개 스타벅스 매장이 일제히 문을 닫았다. 매장 안에서는 바리스타들을 상대로 에스프레소 제조에 대한 재교육이 진행됐다. 이 시점부터 스타벅스 커피를 불신했던 고객들이 돌아서기 시작했다. 슐츠는 "변화하지 않으면 또 하나의 대수롭지 않은 회사가 될 뿐"이라는 말을 스스로 마음에 새겼다고 털어놓았다.

그는 닥쳐오는 각종 도전에 대한 부담감을 해소하는 돌파구를 현장에서 찾았다. 매장에 거의 매일 들르다시피 하며 눈도장을 찍었다. 그러자 어느 날부터 매장 직원들이 이메일을 보내오기 시작했다. 슐츠가 새로운 아이디어에 진심으로 관심을 갖고 있다는 것을 알게 된 것이다. 그중에는 할로윈 시즌 한정 상품을 팔자는 내용이 있었고, 친환경 먹을거리에 관심이 많은 고객을 겨냥해 신선한 주스를 직접 만들어 팔자는 제안도 있었다.

슐츠는 이를 즉석에서 실천했다. 할로윈 상품으로 호박에 계피를 탄 '펌킨 스파이시 라떼'를 내놓자 시장의 반응은 뜨거웠다. 특정 시즌에만 파는 이른바 '팝업 마케팅Pop-up marketing'이 주효했던 것이다. 호박을 좋아하는 젊은층은 물론 계피 맛을 즐기는 중장년층도 이 제품을 찾았다. 신선한 주스를 내놓자는 의견도 받아들여 주스 사업에 진출했다. 캘리포니아의 유기농 주스 생산 업체인 '에볼루션 프레시'를 3,000만 달러에 인수한 것이다. 웰빙 식품을 찾는 잠재적 고객을 되찾기 위한 노력이었다. 제품에 대한 가치, 브랜드에 대한 가치를 재정립하는 것이 우선순위를 차지함을 보여주는 중요한 예다.

슐츠가 CEO직에 복귀한 지 2년 뒤 스타벅스 매출은 사상 처음 100억 달러를 돌파했다. 슐츠는 〈포춘〉지가 선정한 '2011년 올해의 기업인 1위'에 이름을 올렸다.

화제를 돌렸다. 슐츠 회장은 2011년 초 한국을 방문한 적이 있다. 그때 받은 인상을 물어보았다.

"한국에는 첫 방문이었지요. 눈부신 국가 성장과 국민의 근로윤리는 정말이지 강렬한 인상을 주었습니다. 한국에서의 스타벅스 성장은 우리에게는 놀라움 그 자체였습니다. 한국에 스타벅스 1호점이 만들어지기 전부터 한국인들은 이미 스타벅스를 잘 알고 있었더군요. 지금은 훌륭한 파트너십과 성공적인 비즈니스의 결과로 한국 내 지점이 약 400개에 달하고 있습니다. 한국에서 스타벅스 이미지와 명성을 잘 구축할 수 있었던 데는 한국인 특유의 열성이 큰 영향을 미쳤어요."

그는 세계 최대 커피숍 회사의 CEO다. 하루에 커피는 몇 잔 마시는지, 매장에서 가장 좋아하는 음료는 무엇인지 물었다.

"아마 4~5잔 정도 마시는 것 같아요. 항상 스타벅스에서요! 하하. 제가 제일 좋아하는 커피는 프렌치 수마트라 커피예요. 하지만 안타깝게도 모든 지점에서 항상 주문할 수 있는 메뉴는 아닙니다."

내가 슐츠를 만났을 때는 스타벅스가 예전만큼의 위기 상황은 아니었다. 그럼에도 그는 긴장의 끈을 놓지 않았다. 최근 수년간 훌륭한 가치를 지난 커피 브랜드들이 쏟아져 나왔기 때문일까. 커피빈앤드티리프, 엔제리너스, 싱크커피 등 수십 개에 달하는 업체들이 출현해 커피 시장을 나눠가지려 하고 있다. 그는 이렇듯 커피 시장이 갈수록 포화 상태에 처하고 있는 상황에 대해서도 고민하고 있었다. 나는 아시아,

특히 중국 커피 시장의 급속한 팽창에 대해 물어보았다.

"향후 중국 시장을 어떻게 보십니까."

"중국 스타벅스 시장은 사실상 미국 다음으로 큰 시장이 될 겁니다. 현재 우리는 중화권 전체에 900개 지점이 있고, 중국 본토에만 대략 500개 지점 정도가 있어요. 앞으로도 급속히 성장할 겁니다. 그렇지만 중국 시장은 상당히 복합적이어서 아주 조심스럽게 운영해오고 있어요. 무엇보다도 지역 주민에게 존경을 얻어야 비즈니스를 할 수 있다는 점에서는 한국의 경우와 비슷해요. 이러한 시장의 특성상 단기간의 미래만 내다보는 게 아니라 끊임없이 노력해야 얻을 수 있는 성공에 목표를 두고 있죠. 지난 40여 년 동안 스타벅스의 비즈니스 모델은 성장 가능성과 커뮤니티 공헌 사이에서 균형을 잘 잡아왔어요. 그리고 투명성을 지켜왔죠. 이를 세계적으로 활성화시키고자 합니다. 직원에게 친절한 회사, 사람들이 존경하는 회사가 되는 것이 스타벅스의 근본적인 목표입니다."

"통상적으로 중국은 '차를 마시는 나라'로 알려져 있습니다. 이 같은 인식을 어떻게 바꾸었나요."

"그렇죠. 중국에선 차 문화가 강해요. 하지만 스타벅스가 중국 시장에 진출한 지 거의 12년째에 접어들고 있습니다. 이 과정에서 커피와 관련된 소비자 행동의 엄청난 변화를 직접 목격했어요. 10여 년 전만해도 스타벅스는 만남의 장소일 뿐이었어요. 지금은 지역 주민들이 커피를 마시기 위해 오고 있습니다. 이제는 아침이면 커피를 마셔야 하는 의식으로까지 발전했죠. 물론 차를 마시는 나라인 중국에서 차를 커피로 대신하고자 하는 것이 아니지만, 어쨌든 중국은 우리에게 무한한 비즈니스의 가능성을 보여주고 있습니다."

"스타벅스의 10년 뒤 모습은 어떨까요."

"스타벅스는 앞으로도 가장 훌륭한 제품을 가지고 세계시장을 선도해나갈 것이라고 생각합니다. 또한 우리의 능력이 조화를 이룰 수 있는 선에서 더 많은 지점과 공급선을 연결해 더욱 다양한 상품을 제공할 것입니다. 그 중심에 항상 커피가 존재한다는 사실은 말할 필요도 없죠. 지금의 우리는 미래의 스타벅스를 고려한다면 아주 이른 시기Early stages에 있다고 생각합니다."

예정된 시간이 다됐는지 비서가 회장실 문을 두드렸다. 마지막 질문으로 그에게 CEO 대신 바리스타가 되어 전 세계 스타벅스 지점 가운데 한 곳에서 일하게 된다면 어느 곳에서 하고 싶은지 물었다.

그는 "오늘 받았던 질문 가운데 가장 쉬운 질문이네요"라며 웃었다. "스타벅스의 혼이 담겨 있는 1호점 파이크 플레이스 지점에서 하고 싶어요. 머릿속이 복잡해지거나 결정하기 힘든 일이 있으면 이곳에 꼭 들리곤 합니다. 사실 어제도 다녀왔어요."

인터뷰를 마치고 일어서는 데 슐츠가 "잠시만 기다려주세요"라며 호주머니에서 스마트폰을 꺼냈다. 그리고 동영상을 보여줬다. 한국에 방문했을 당시 한 서점에서 자신의 자서전 《온워드》 저자 사인회를 한 적이 있는데, 그때 찍은 동영상이라고 했다. "한국에 이렇게 큰 서점이 있었다는 걸 처음 알았어요. 역동적이면서도 변화하는 한국인들을 곳곳에서 만날 수 있었어요." 그는 《온워드》 몇 권에 사인을 해주면서 같이 사진을 찍자며 먼 곳에서 온 나를 배려했다.

나는 본사에서 나오자마자 스타벅스 1호점이 있는 파이크 플레이스 마켓Pike place market으로 향했다. 예전에도 방문했지만, 그를 만나고 나니 다시 가보고 싶었다. 그의 열정을 이끌어낸 생생한 현장을 직접 느껴보고 싶었다.

재즈밴드가 노래를 부르고 있는 1호점 입구의 문을 열자마자 진한 커피향이 코를 자극했다. 닳아서 반질반질한 나무로 만든 카운터 뒤에서 커피를 정성껏 추출하는 바리스타들이 전 세계에서 온 관광객들로부터 주문을 받고 있었다. 40여 년 전 슐츠가 반했던 그 커피의 매력이 지금은 전 세계 사람들을 반하게 하고 있었다. 내 후각을 자극하는 커피향은 이렇게 속삭이는 듯했다.

'너는 네 곁을 지나는 기회를 그냥 지나치는가, 아니면 혼신의 힘을 다해 잡고 있는가.'

세계 전기차 열풍의 주역

남기영Ki yeong Nam

T3모션 대표. 전 세계에 전기 스쿠터로 녹색 바람을 일으킨 한국인 CEO.

CDMA 휴대폰의 무선 증폭기를 개발, 회사 매출을 240배 늘려 나스닥에 상장시킨

월가 신화의 주역.

친환경시대를 맞아 3륜 스쿠터 시장에 도전, T3 개발. 1958년 서울 출생.

"취미를
새로운 직업으로
삼아보세요."

Lessons from the TOP

미국 내 상위 1% 부를 거머쥔 거부土富. 전 세계에 녹색 바람을 일으킨 한국인 CEO. 고유가 시대에 마일당 1센트(1.6km 당 약 10원)라는 저렴한 유지비로 공해가 전혀 없는 전기 스쿠터를 만든 인물. 이 어마어마한 이력의 주인공은 남기영 대표다. 그가 만든 전기 스쿠터 'T3모션T3 MOTION'은 펜타곤과 뉴욕 경찰국NYPD, LA 경찰국LAPD 등 대도시 경찰국과 주요 공항 등 미국의 핵심 관문을 지키고 있다. T3(미국에서는 '티쓰리'로 불린다)는 제조업이 모두 빠져나간 미국에서 '메이드 인 USA'의 선두주자로 찬사를 받고 있어 한국인으로서 자부심마저 느끼게 해준다.

인종 차별이 여전하던 1970년대에 부모를 따라 미국으로 이민을 온 남 대표. 당시 중학생 소년이었던 그는 지금 미국 사회에서 가장 성공한 한국인 중 한 명으로 손꼽힌다. 두려움을 모르는 도전 정신과 역발상, 그리고 미국인 직원들까지 인정하는 겸손함과 성실함 덕분이었다. 그는 무선통신 분야의 중소회사 밀컴Milcom에 입사, 10년 만에 매출을 240배 늘리며 수석 엔지니어이자 부사장으로 활약했다. 그리고 마침내 회사를 나스닥에 상장시켜 40억 달러 가치의 회사로 만들며 월가에서 큰 주목을 받았다. 그리고 40대 초반 천만장자로 은퇴했다. 그러나 남 대표는 은퇴 6개월 만에 한 가지 사실을 깨달았다.

'아, 진짜 지옥은 여기에 있구나.'

쉬는 6개월 동안 그는 '무노동이야말로 지옥'임을 맛봤다고 한다(나같이 평범한 사람은 정말 맛보기 힘든(?) 지옥이다). 그는 남은 인생을 보람 있게 보내고 사회에 기여할 수 있는 분야를 찾던 중 전기차 분야를 발견했다. '이거다!' 그가 개발에 뛰어들 당시 전기차 시장은 매우 불투명했다. 그렇지만 그는 고유가 시대에는 환경이 황금이 되는 때가 온다는 확신을 갖고 'T3모션'을 설립했다. 그리고 친근성과 에너지 효율성, 접근성을 내세워 패트롤카라는 틈새시장을 공략해 성공을 거뒀다. 불과 10년이 안 되는 짧은 기간 안에 이룩한 대단한 성공이었다.

불확실성으로 모험정신이 어느 때보다 필요한 지금, 남들이 가지 않는 길을 개척한 그야말로 들려줄 이야기가 있지 않을까, 하는 생각이 들었다. 나는 LA 근교 코스타메사에 있는 T3모션 본사를 수시로 방문하며 그에게 조언을 구했다.

"직장 생활은 어디서 시작하셨나요."

"대학을 다니다가 캘리포니아에 오기로 결심했지요. 휴즈 에어크래프트Hughes Aircraft의 시급 직원으로 사회에 첫발을 내디뎠습니다. 이후 중소 무선통신 회사 밀컴에 입사하면서 본격적으로 개발자의 길을 걸었지요. 이동통신 시대를 맞이한 한국 기업들과 인연을 맺으며 눈부시게 성장했습니다. '삐삐'라 불리는 페이징 시스템 개발에 참여했고, CDMA 방식의 기지국에 사용되는 선형 증폭기를 세계 최초로 개발해 삼성, 현대, LG 등 한국 대기업에 독점 공급했습니다."

"무선분야에 관심을 갖게 된 계기가 있었나요?"

"제 운명은 어린 시절 무전기를 만나면서 바뀌었습니다. 초등학교 수업이 끝나면 충무로에서 버스를 타야 했어요. 정류장 근처에 있는 '합동과학'이라는 문구점에는 무전기 두 대가 진열돼 있었지요. 전 선을 연결하지 않고도 상대방의 말을 들을 수 있는 기계가 너무나 신기했어요. '나도 무전기 하나 가졌으면' 하는 희망을 가졌지요. 그런데 베트남에 나갔던 아버지가 귀국하면서 무전기를 선물로 사왔지 뭡니까. 그 뒤 밤낮으로 무전기 놀이를 할 정도로 푹 빠졌지요.

그러다 얼마 지나지 않아 온 가족이 미국으로 이민을 오게 됐습니다. 미국에 와서는 아마추어 무선통신 동호회 활동을 했어요. 주말이면 미국인 친구들과 어울리며 무선통신을 했지요. 외롭고 힘든 이민 생활을 극복하는 데 단비 같은 역할을 해줬습니다. 덕분에 서툴렀던 영어를 빨리 배울 수 있었고 낯선 미국 문화에 다른 이민자들보다 빨리 적응할 수 있었지요. 취업도 쉽게 할 수 있었습니다. 방위 산업체에 입사해 무선 장비 조립을 담당하게 됐는데, 어릴 적부터 해온 일이라 남들이 일주일 걸리는 일을 하루면 끝낼 수 있었습니다. 이런 실력이 상사의 눈에 띄어 남들보다 승진도 빨리 했습니다."

결국 어렸을 적 무전기 놀이가 그를 아마추어 무선사Ham의 길로 이끌었고, 직장 생활에서 두각을 드러내게 했으며, 경제적으로 풍족하게 만들어주었다. 무전기가 운명을 바꾼 '마법의 장난감'이 된 셈이다. 그런데 무선통신 전문가가 어떻게 전기차 분야에 도전장을 낼 수 있었을까. T3모션 코스타메사 공장에는 출하를 앞둔 하얀 T3 신제품들이 정렬해 있었다. 나는 남 대표의 안내를 받으며 구석구석을 돌아보았다.

"어떻게 전기스쿠터 T3를 개발하게 되었습니까."

"젊은 나이에 무선통신 회사가 성공한 덕분에 일찍 은퇴했지요. 세계 곳곳으로 여행을 다니고 골프도 치고 비행기 조종도 배워보고 클래식 카도 대량 수집했어요. 하지만 몇 개월이 지나자 일이 없다는 것 때문에 너무 스트레스를 받았습니다. 일어났는데 할 일이 없다, 마치 지옥처럼 느껴졌지요. 평생 취미를 일삼아 살았던 제게는 일종의 형벌이었습니다. 무료함을 견디다 못해 결국 6개월 만에 다시 사업을 하기로 결심했지요."

그는 대답을 이어갔다.

"평소 아이들을 데리고 사막이나 야외에 가서 4륜 오토바이를 타는 것을 즐겼어요. 출력이 더 좋은 엔진과 효율 높은 동력장치로 업그레이드를 하다 보니 어느 순간부터 오토바이 전문가가 되었지요. 그러던 차에 '세그웨이Segway(이륜 전기 스쿠터 브랜드)'를 알게 되었습니다. 일반인들에게 큰 인기를 얻고 있는 제품이었는데, 사려고 보니 가격이 턱없이 비싼데다 안전성에도 문제가 많더군요. 오토바이를 잘 알던 나는 직접 만들어도 이보다 더 싸게, 그리고 더 좋게 만들 수 있을 거라는 자신감이 들었습니다. 새로운 사업이 돈보다는 사회에 공헌할 수 있는 일이면 좋겠다고 생각했는데, 마침 고유가 시대에 친환경 제품이어서 잘 맞겠다고 여겼지요.

당시 전기차 시장이 크게 형성되지 않아 위험 부담이 컸지만, 개발 초기 몇 년간은 취미라 생각하고 자동차에 관심이 있는 엔지니어들을 불러 모았습니다. 사장이 개발자가 되어 즐기면서 일하니까 직원들도 덩달아 신이 나서 일했습니다. 퇴근하라고 해도 작업실에 남아 기술 개발에 몰두하는 직원들 덕분에 짧은 시간에 T3를 개발할 수 있었지요."

"무전기와 오토바이. 모두 취미로 즐기던 일을 통해 사업을 일으키셨네요. 학창시절 진로는 어떻게 결정하셨나요."

"중고교 시절 어떤 진로를 택할지 고민을 했습니다. 엔지니어와 파크 레인저Park ranger(우리말로 하면 공원관리인)를 해보고 싶었어요. 둘 중 어느 것을 골라야 할지 행복한 고민을 했지요. 회로를 직접 만들고 기계를 다루는 엔지니어 일도 좋았지만 매일 자연과 더불어 살 수 있는 파크 레인저 일도 하고 싶었어요. 미국의 국립공원은 너무나 아름다운데, 특히 동부 지역은 가을이 되면 말로 표현하기 힘들 정도로 환상적인 단풍을 선사합니다.

그렇게 두 직업 사이에서 고민하다가 결국 무선통신 엔지니어가 되기로 결정했지요. 초등학교 때부터 가지고 놀았던 무전기가 큰 영향을 미쳤습니다. 무전기를 분해했다가 다시 조립하고, 새 부품을 구입해 만들어보면서 큰 즐거움을 느꼈지요. 부모님이 네가 즐기는 일을 선택하라면서 크게 간섭을 안 하신 것도 큰 도움이 되었습니다.

많은 사람들이 취미를 직업으로 삼는 것을 두려워합니다. 왜일까요? 물어보면 막연하게 해서는 안 된다는 관념에 사로잡혀 있어요. 대신 어느 학교를 나와서 무슨 학위를 받아야 하는지는 너무도 잘 알지요."

취미를 직업으로 삼아라. 꿈같은 이야기처럼 느껴졌다.

"취미가 일이 되는 것은 소수의 예가 아닐까요. 사람들은 과연 취미로 먹고 살 수 있을까라는 불안감을 갖고 있습니다."

"그렇기 때문에 처음부터 좋아하는 일을 골라야 합니다. 좋아하는 일에 집중하다 보면 잘하게 되고, 자신의 능력을 필요로 하는 직업을 찾는 확률도 훨씬 높아집니다.

주변을 살펴보면 대학을 졸업하고 사회생활을 하면서도 적성에 맞는 직업을 찾지 못하는 젊은이들이 많아요. 회사의 명성과 높은 보수에 이끌려 엉뚱한 회사에 들어가서 재능을 썩히거나 별 생각 없이 대학원에 진학해서 고학력 실업자가 되는 경우가 대부분이거든요. 우리 회사도 이력서를 받아보면 학력이 화려한 사람은 많지만 정말 이 일을 좋아하는 지원자들은 찾기가 어려워요. 입사해서도 적성에 맞지 않는다며 금방 그만두지요. 그래서 좋아하지도 않지만 돈을 벌려고 지원하는 구직자들을 보면 안타까운 마음이 먼저 듭니다."

그는 꿈이나 직업을 멀리서 찾지 말라고 했다. 그러면서 취미가 직업이 될 때 생기는 장점을 설명했다.

"본인이 좋아하는 일을 하면서 돈을 버는 가장 큰 장점은 아이디어가 시도 때도 없이 나온다는 점입니다. 상사의 눈치를 보지 않고 열심히 일하게 되니 회사에서 능력을 인정받게 됩니다. 사람들은 꿈꿉니다. '재미있고 좋아하는 일을 하면서 돈까지 벌면 얼마나 좋을까!' 왜 꿈이 현실이 될 수 없을까요? 불가능하다는 생각만 빼면, 현실에서도 얼마든지 가능합니다. 꿈과 비전의 가장 큰 차이는 계획이 있느냐 없느냐라고 생각해요. 꿈은 계획 없는 비전이며, 비전은 계획 있는 꿈입니다."

남 대표는 구체적인 계획이 뒷받침되어야 한다는 것을 강조했다. 그러면서 각종 아이디어와 디자인 모델, 개발 일정이 빼곡히 적힌 노트를 보여주었다. 그 안에는 연간 에너지 절약 가능 수치와 엔진 위치, 배터리 장착 방식 등 T3와 관련된 아이디어가 넘쳐났다. 생각나는 대로, 틈나는 대로 메모한다고 했다. 각종 디자인 시안이 담긴 아이패드

"사람들은 꿈꿉니다.
'재미있고 좋아하는 일을 하면서 돈까지 벌면 얼마나 좋을까!'
왜 꿈이 현실이 될 수 없을까요?
불가능하다는 생각만 빼면, 현실에서도 얼마든지 가능합니다.
꿈과 비전의 가장 큰 차이는 계획이 있느냐 없느냐라고 생각해요.
꿈은 계획 없는 비전이며, 비전은 계획 있는 꿈입니다."

"People often dream and think 'Wouldn't it be great if I could make a good living
doing something I enjoy, something that is fun?'
Well, why not? Why shouldn't this become a reality?
If you cease thinking that it is impossible, it can assuredly become a reality.
The fundamental difference between a dream and a vision is whether you have a plan.
A dream is a vision without a plan, and a vision is a dream with a plan."

남기영

도 보여주었다. T3 로고부터 용도별 모델 시안이 디자인돼 있었다. 탄성이 절로 나왔다. 취미를 직업으로 만들기 위한 연결 고리를 보여준 것이다.

"처음 만나 사업 이야기를 하다 보면 듣는 사람은 '이 사람, 완전 또라이구만, 이런 황당한 아이디어를 사업이라고 얘기하다니!' 하는 표정이에요. 하지만 아이패드에 담긴 프레젠테이션을 보여주면 정색하고 경청하기 시작합니다. 취미가 일이 되려면 좋아하는 수준을 넘어서 구체적인 계획을 세우는 단계로까지 나아가야 합니다. 그 준비는 본인의 몫이라고 생각해요."

남 대표에 따르면 바야흐로 취미가 직업이 되어야 하는 시대가 왔다. 취미가 일로 되기 위해서는 전제 조건이 있을 것이다. 그 조건이란 사회적인 필요와 본인의 능력과 즐거움 사이에서 최대한 많은 교집합이 있어야 한다는 것이다.

"왜 재미있고 보람된 일을 하면서 돈을 벌겠다는 생각에 죄의식을 느껴는 걸까요. 힘들게 일해야 성공한다는 고정관념부터 버려야 합니다. 앞으로는 즐거움으로 돈을 버는 시대입니다. 취미가 그 중간 역할을 할 수 있을 겁니다. 이러한 마인드는 미국에서 사업을 할 때도 많은 도움이 돼요. 미국에서는 뇌물이나 유흥 접대가 잘 통하지 않지요. 대신 취미가 같아 대화가 잘 통하면 업무로 만나도 친구가 됩니다. 결국 취미가 비즈니스에도 큰 도움이 됩니다.

내 경우에도 사업상 중요한 고비 때 취미 때문에 덕을 본 경험이 있어요. 거래처 직원 중에 자동차광을 만나 3,000만 달러짜리 계약을 수주할 때 큰 도움을 받았지요. 그 계기로 취미를 개발하다 보니 지금은 총기부터 4륜 오토바이, 클래식 카, 항공기, 무선기기 등 다양한 취미를 갖게 됐습니다. 덕분에 누구를 만나도 즐겁게 대화를 나눌 수 있지요."

듣는 내내 고개를 끄덕일 수밖에 없는 이야기들이 쏟아졌다. 한국 사람들은 취미를 등한시하는 경우가 많다. '좋아하는 게 뭐냐'고 물으면 우물쭈물 대답을 못하는 사람도 많고, 설령 좋아하는 일이 있다 해도 그것과 직업은 별개로 친다. '그게 밥벌이가 되겠어'라고 생각하는 것이다. 하지만 남 대표의 이야기 속에서 나는 그 연결고리를 발견했다. 그가 들려줄 이야기가 더욱 궁금해졌다.

"아까 대학을 다니다 캘리포니아로 오겠다는 결심을 했다고 하셨습니다. 계기가 있으셨나요."

"대학교 2학년 때였어요. 방학이라 LA에 있는 친척집을 방문하게 됐죠. 그런데 와보니 너무 좋더군요. 제가 사는 뉴욕과 비교해보니 캘리포니아 날씨와 거주 환경이 너무 좋게 느껴졌고, 이곳에 살고 싶다는 생각이 들었습니다. 다음날 아침에 배달된 〈LA타임스〉 일요일판을 뒤적거리다가 구인 광고를 보게 됐어요. 취업을 하면 이곳에 살 수 있겠다는 생각이 들어 구인 광고를 샅샅이 살폈습니다. 마음에 드는 회사가 있어 곧바로 전화를 걸어 회사 주소를 알아냈고, 렌터카를 빌려 회사로 찾아가 인터뷰를 했지요."

　당시만 해도 군수산업 호황기라 상시 채용이 이뤄졌고, 대학 졸업장이 없어도 입사 지원이 가능한 때였다. 남 대표는 다시 동부로 돌아온 지 얼마 안 돼 합격 통보를 받았다. 합격한 휴즈 에어크레프트는 항공기 등을 제작하는 방산업체였다. 회사는 채용 조건으로 일주일 뒤 출근할 것을 내걸었다. 당시 그가 살고 있는 동부에서 회사가 있는 서부로 이사하는 시간까지 포함해서! 동부에서 캘리포니아까지는 3,000여 마일(약 4,800km), 24시간 밤낮을 달려도 사흘이 걸리는 대장정이다. 혼자 운전해서 대륙을 횡단하는 일은 힘들고 위험했다. 부모는 가더라도 대학 공부는 마쳐야 한다면서 반대했다. 하지만 그는 신념을 굽히지 않았다. 자신의 운명은 자신이 개척해야 한다고 믿었다. 아들이 결심을 굽히지 않자 부모는 하는 수없이 허락해줬다.

　"그때가 스물한 살이었지요. 하루 18~19시간씩 운전했습니다. 가다가 피곤하면 고속도로 갓길에서 쉬었고, 밤에는 휴게소 근처에 차를 세우고 차 안에서 잤지요. 끝없이 펼쳐진 밀밭과 대지를 보며, 많은 생각을 하면서 달렸습니다. 중고차에 살림살이를 한가득 싣고 쉴 새 없이 달리다 보니 차에 무리가 갔어요. 사막도시인 라스베이거스를 지날 때 즈음 엔진 온도가 갑자기 상승하기에 차를 세워서 봤더니, 라디에이터가 고장 났지 뭡니까. 결국 그 더운 날씨에 에어컨도 못 켜고 팬티 바람으로 땀을 비 오듯 쏟으며 운전을 했어요. 많은 시간이 흘렀지만 그날은 잊을 수 없습니다."

그는 그 당시가 생각나는 듯 웃음을 터뜨렸다.

"하지만 내가 결정한 일이니 불평할 수도 없었지요. 아무튼 캘리포니아에 도착하고 나서 몸무게를 재어보니 정확히 10파운드(4.5kg)가 줄었더군요. 이런 경험 때문에 전 청년들에게 도전을 자주 권합니다. 자신의 인생을 바꿔보고 싶은 젊은이라면 일생에 한 번은 운명을 바꾸는 여행을 떠나야 한다고 생각해요."

그와는 여러 번 만나며 이것저것 조언을 구했다. 그가 이야기를 나눌 때마다 줄곧 강조했던 것은 '기회가 왔을 때 잡아야 한다'는 것이었다. 이는 어쩌면 너무도 당연한 성공의 철칙이다. 그런데 그것이 기회인지 아닌지 어떻게 분별할 수 있을까. 눈앞에 찾아온 기회를 어떤 사람은 잡고, 어떤 사람은 놓쳐 희비가 엇갈리는 것이 우리 인생이 아닌가.

"먼저 준비가 되어 있어야 합니다. 준비가 되어 있지 않은 사람은 기회를 알 수 없고, 설령 기회가 왔다 해도 잡을 찬스가 전혀 없어요. 준비가 되어 있다면 자신의 본능과 직감을 적극 활용해야 합니다. 어떤 기회에도 리스크는 있어요. 감이 오면 위험을 감수하고 행동으로 옮겨보는 것, 이런 노력이 성공의 70%를 만들고 나머지 30%는 운에 속해 있다고 생각합니다."

그는 한 예를 들었다. 그가 한국에 설립한 P라는 회사를 삼성전자에 매각하려 했다. 휴대폰 관련 회사로 유망했지만 미국 사업에 집중하기 위해 팔기로 결심한 것이다. 그러나 협상이 결렬되자 그동안 거래하던 H사에 라이선스 계약을 할 수 있는 기회를 주었다. 제시한 조건은 H사에 유리했다. 제품 일부를 구입하면 보유한 기술과 재고 물량을 완전 이전하겠다는 내용이었다. 남 대표는 최소한의 마진을 붙인 매력적인 제안이라고 생각했지만, H사의 사장은 기회 대신 위험성만을 나열하더니 끝내 제안을 거절했다.

남 대표는 결국 그 제품을 직접 판매했는데, 한국에서만 5만 대가 넘게 팔렸다. 나중에 기록적인 제품 판매량을 보며 H사 사장은 땅을 치며 후회했지만, 이미 엎질러진 물이었다. 하청 기업에서 기술을 보유한 중견 기업으로 발돋움하는 최적의 기회를 날려버린 것이다. 몇 년이 지나 H사는 결국 문을 닫았다. 리스크를 너무 피하려다 빚은 실패였다.

"평소에 아이디어 개발은 어떻게 하십니까."

"전 영화나 드라마를 볼 때 배경을 위주로 봅니다. 고정관념과 틀에 박힌 사고를 벗어나려는 일종의 훈련이지요. 보고 나서 줄거리를 하나도 기억 못해 아내로부터 면박을 당하는 일이 많지만요. 그만큼 역발상을 즐겨요. 혼자선 배우기 힘든 골프도 티칭 프로 도움 없이 배웠고, 그 과정에서 골프채 특허까지 냈지요."

즉 배역이나 스토리를 보는 것이 아니라 야외 촬영세트나 소품, 의상이나 조명을 유심히 들여다보고 제작비를 추산해보기도 한다. 이런 배경에는 이민 초기 혹독한 생활에서 체득한 생존 본능이 깔려 있다. 남 대표는 1970년 미국 동부로 이민 와 어린 나이에 안 해본 일이 없을 정도로 밑바닥 생활을 했다. 심한 인종차별도 경험했다. 백인이 대부분인 학교에서는 '차이니즈 보이(중국놈)'라고 비웃음을 당했다. 참을 수 없어 주먹다짐을 해 부모님이 여러 번 학교를 들락거렸다. 이런 유년기 경험이 오직 실력으로 승부해야 한다는 것과 틈새를 노려야 한다는 사실을 일깨워줬다.

평소 이런 역발상 훈련은 신사업을 시작할 때도 큰 도움이 되었다. 친환경시대를 맞아 수많은 전기 스쿠터가 쏟아져 나왔지만 T3만큼 주목받고 있는 제품은 드물다. 그 비결은 앞서 언급한 역발상에서 비롯됐다.

"지난 2004년 T3를 개발할 낭시였어요. 새로 개발하는 전기차의 시장 포지션을 어디에 둬야 할지 밤을 새며 고민을 거듭했는데 엔지니어들끼리 갑론을박 결론이 나지 않았습니다. 결국 사장인 제 결정만 기다리고 있었지요. 4륜 차량 시장은 이미 세계적인 자동차업체들이 막대한 투자를 해놓은 상태였고, 2바퀴 전기차는 세그웨이라는 강력한 브랜드가 이미 시장을 선점하고 있었습니다. 고민하던 어느 날 밤 문득 이런 생각이 떠올랐어요. '2바퀴와 4바퀴 사이를 노려보는 건 어떨까.' 3바퀴 시험 모델을 만들어보니 안정감과 주행성이 2바퀴에 비해 월등했고 4바퀴보다는 개발 비용이 적게 들더군요."

남 대표는 2바퀴와 4바퀴 시장의 치열한 경쟁을 피해 3바퀴 전기 스쿠터 시장에 진출했다. 결과는 성공이었다. 경쟁업체의 견제 없이 기술 개발에 전념할 수 있었고 제품 가격도 자체적으로 결정할 수 있었다. 이윤이 상당히 남는 '블루오션'을 개척한 것이다.

"T3모션은 처음부터 정부나 공공기관을 목표로 개발하셨다고 들었습니다."

"지금은 T3가 미국 경찰이 타고 다니는 전기 스쿠터라는 이미지를 갖고 있어요. 우리가 의도했던 바죠. 하지만 출시 초기에는 '경찰이 그런 장난감을 타겠어?'라는 부정적인 인식이 지배적이었습니다. 경찰을 상대로 제품을 개발해야 한다고 하자 회사 개발자들 사이에서도 반대가 심했어요. 나는 이렇게 말했지요. 'T3가 몇 대나 팔릴지는 모릅니다. 하지만 한 가지 분명한 것은 TV와 신문에는 많이 노출될 겁니다. 브랜드 이미지도 확실하게 자리 잡을 겁니다. 돈 들이지 않고 이보다 더 좋은 마케팅 방법이 있다면 알려주세요. 그 의견을 따르겠습니다.' 그러자 반대 의견이 수그러들었습니다.

실제 제 예상은 적중했습니다. 미국에서 가장 부유한 동네인 뉴포트 비치 경찰에서 T3를 순찰용으로 도입한다는 결정을 내렸습니다. 그러자 이후 〈LA타임스〉, 〈폴리스 매거진〉 등에서 '경찰, 친환경 전기 스쿠터 도입'이라는 기사를 게재하면서 '100% 전기로 움직이는 스쿠터가 순찰이나 근거리 운행에 최적'이라는 내용이 보도되었어요. 그러자 뉴욕 경찰과 LA경찰LAPD, 미 육군, 국방부 등으로 순식간에 확산되었지요."

그러자 이번에는 주변에서 골프용으로 만들어라, 홍보용으로 만들어라, 그래야 시장을 키울 수 있다는 의견이 쏟아졌다. 하지만 T3 사업을 처음 시작할 때부터 그는 '경찰→정부/국방→보안업체→소비자' 순으로 우선순위가 분명한 사업 영역 로드맵을 만들었다. 그리고 그에 따라 마케팅 역량을 집중했기 때문에 비용 대비 큰 효과를 볼 수 있었다.

그의 마케팅 전략은 오늘도 우수한 제품을 들고 미국 시장을 노크하는 CEO들에게 많은 시사점을 제공해준다. 넓은 미국 시장에서 제대로 된 홍보를 하려면 얼마나 많은 돈과 시간, 인력이 필요할까? 마케팅 비용으로 수백만 달러, 아니 수천만 달러의 예산을 책정해 쏟아 부어도 표 나지 않는 곳이 바로 미국이다. 한국의 대기업 중에서도 분명한 전략 없이 미국 시장에 진출했다가 막대한 자금을 쓰고서도 브랜드명조차 알리지 못하고 철수한 경우가 여럿 있었다.

"남들이 '이것이 좋다', '저것이 좋다'라고 떠드는 말에 현혹돼서 우왕좌왕하면 아무것도 하지 못해요. 기업이 활용할 수 있는 자원은 한정되어 있어요. T3를 개발하고 나서 마케팅 방법을 놓고 고심한 끝에 세 가지 방법으로 압축했지요. '폴리스Police 마케팅', '간접 광고 마케팅', '스타와 명사를 활용한 마케팅'이었습니다."

그는 간접 광고와 스타 마케팅에 공을 들였다. T3의 독특한 디자인 때문에 할리우드 영화사나 광고 회사, TV 방송국 등에서 T3를 배경으로 촬영을 하고 싶다는 의뢰가 들어오면 이를 놓치지 않았다. 그렇게 들어온 제안들 중에서 2010년에 열린 슈퍼보울Super Bowl 경기에 방영된 아우디Audi 광고가 대박을 터뜨렸다. 미국 프로풋볼 결승전인 슈퍼볼 경기의 경우 단일 게임으로는 월드컵 결승전보다 많은 사람들이 시청하는 경기다. 1초당 광고비가 10만 달러(약 12억 원)나 되는 이 광고에서 T3는 6초 이상 노출됐다. 그것도 돈 한 푼 들이지 않고서! 오히려 아우디 측에 사용료를 받고 빌려주었다. 아우디의 세련된 이미지 파워를 간접적으로 사용하면서도 60만 달러의 광고비를 아꼈고, 이후 '어디서 구입할 수 있느냐'며 문의 전화도 쏟아졌다.

이 뿐만이 아니다. 영화 〈맨인블랙 2〉, 〈아이언맨 2〉, 〈스타워즈〉 등 여러 인기 영화에도 T3가 등장했다. NBA 농구 스타인 코비 브라이언트Kobe Bryant도 T3 홍보에 도움을 주었다.

"키가 2m에 달하는 코비 선수가 T3 옆에서 사인을 해주는 광경은 참으로 이색적이었어요. 행사장에 참석한 팬들이 너도나도 사진을 찍어 인터넷에 올리는 바람에 T3도 덩달아 유명세를 타게 됐지요. 스타 마케팅의 힘을 느낄 수 있었어요."

남 대표가 시도한 스타 마케팅의 압권은 부시 전 대통령을 설득해 아버지 부시 대통령에게 T3을 전달한 것이다. 미국 주류 언론에서도 T3모션을 대서특필하는 계기가 되었다.

"어떻게 미국 대통령을 상대로 마케팅을 하게 된 겁니까?"

"미국 대통령은 초강대국의 리더로 막강한 권위와 신뢰를 상징해요. 미국 대통령이 타는 비행기는 '에어포스 원', 헬기는 '마린 원'이라고 특별히 취급합니다. 최고의 성능과 안전성을 갖춘 장비들이죠. 그래서 T3가 대통령이 타는 스쿠터가 된다면 어떤 홍보 활동보다 값어치가 있을 것이라고 생각했습니다. 그래서 실행에 옮겼지요.

뉴욕에서 열린 기금 모금 파티에 참석했다가 조지 W 부시 전 미국 대통령이 온다는 걸 알게 됐어요. 같은 테이블에 앉게 되어 부시 대통령에게 '얼마 전 아버지 생일이었는데 어떤 선물을 줬느냐'고 물었지요. 깜짝 놀라는 눈치였습니다. 내친 김에 '아버지가 연세도 많으셔서 거동이 불편하실 텐데 이 스쿠터를 타면 아주 편리하다'고 말했지요. 부시가 내 얼굴을 한동안 응시하더니 '아버지 전화번호를 줄 테니 꼭 연락해달라'며 종이에 직접 적어줬어요. 사전에 부시 일가에 대해 공부를 했고 아들 부시가 효심이 깊다는 걸 알았기 때문에 가능한 제안이었지요.

그 후 메인 주에 있는 아버지 부시의 사저에 초청돼 직접 전달하는 영예를 얻었습니다. 아마 대통령에게 직접 번호를 딴 한국인은 제가 최초가 아닐지 모르겠군요. 하하."

그의 전략은 적중했다. 아버지 부시 대통령과 나란히 탑승한 T3는 즉각 미디어의 관심을 끌었다. 계약을 미루던 회사들도 앞다퉈 서명을 했다. 쿠웨이트, 사우디아라비아 왕실 경호실에서도 주문 의뢰가 들어

왔다. 미국 대통령이 탄다면 안심하고 탈 수 있다는 메시지가 전달된 덕분이었다. T3는 이제 캐나다, 멕시코 등 북미와 중동, 유럽 등 전 세계 30여 개 국가로 수출되고 있다. 한국에서도 G20 정상 회의와 대구 유니버시아드 대회에서 철통 보안의 일환으로 투입돼 전에 볼 수 없었던 명물로 주목을 받기도 했다.

기존의 시도가 통하지 않을 때는 뭔가 판을 흔드는 변화가 필요하다. '어떻게 미국 대통령을 마케팅할 수 있겠어'라는 고정된 생각보다는 '왜 안 돼Why not?'라는 역발상의 사고가 새로운 성공을 여는 출입구가 된다.

"새로운 일에 도전하는 한국 기업가와 젊은이들에게 조언을 주신다면요."

"한국의 한 맥주회사에서 나온 광고 문구 '부딪쳐라!'라는 말을 아주 좋아합니다. 사업을 하거나 인생을 살아갈 때 제가 추구하는 가치관이 담겨 있거든요. 누군가가 나에게 조언을 구할 때도 '부딪쳐 보라!'는 말을 빼놓지 않아요.

우리가 겪는 인생의 문제는 답을 찾기 어려운 알쏭달쏭한 일이 많지요. 실제로 부딪쳐보기 전까지 알 수 없어요. 그래서 해보아야 합니다. 가만히 책상에 앉아서 이렇게 될 거야, 저렇게 될 거야 생각하는 것보다 실수를 하는 것이 백배 낫습니다. 일단 부딪쳐 보세요."

오랜 기간 동안 그를 꾸준히 만났다. 그와 나눈 대화를 한 줄로 요약하자면 이렇다.

'취미를 일로 삼아라. 역발상으로 기회를 붙잡아라. 그리고 부딪쳐라.'

세계 최고의 셰프

조엘 로부숑 Joel Robuchon

프랑스가 자랑하는 국보급 셰프이자

미슐랭 가이드로부터 별점 26개를 획득한 세계 최고 셰프.

프랑스와 일본 홍콩 미국 등 전 세계 20여 곳에 자신의 이름을 딴 레스토랑 운영하고 있다.

1945년 프랑스 출생.

"숙명 같은 일과
조우하세요."

"6개 코스로 하시겠습니까, 13개 코스로 하시겠습니까?"

웨이터의 질문에 나는 비로소 가장 정통한 프랑스 레스토랑에 와 있음을 실감했다. 웨이터는 설명을 덧붙였다. 6개 코스를 먹는 데 2시간에서 2시간 반이 걸리고, 13개 코스는 약 4시간이 걸린다고 했다. 눈이 휘둥그레진 동료는 "이런 기회가 언제 또 오겠어"라며 13개 코스를 주문했다. "시간도 늦었으니 간단히 먹자"는 내 의견은 들은 체 만 체하고는.

전 세계에서 세 번째 객실규모를 자랑하는 라스베이거스 MGM 호텔(방이 무려 6,852개다). 이 호텔에는 세계 최고 권위의 레스토랑 평가인 미슐랭 별 세 개에 빛나는 '조엘 로부숑 맨션'과 별 하나의 '아틀리에 드 조엘 로부숑'이 나란히 붙어 있다. 조엘 로부숑 홍보팀에서는 일단 그의 음식을 먹은 다음에 인터뷰를 하는 것이 로부숑의 음식 세계를 이해하는 데 도움이 된다고 했다. 그러면서 모든 기자들이 이런 특권을 누리는 것은 아니라고 덧붙였다.

하얀 대리석 정문을 지나 들어간 맨션의 내부는 20여 석으로 조그마했지만, 우아하면서도 아늑한 인테리어에 말문이 막혔다. 한 치의 오차도 없는 완벽한 미를 보여준 내부 인테리어는 시각을 중시하는 로부숑의 철학이 녹아들어 있었다. 바로 옆에 붙은 아틀리에가 '캐주얼'이라면 맨션은 '정장'인 오리지널 이미지였다. 맨션은 미슐랭 별점 셋, AAA 선정 다이아몬드 다섯을 받고 2007~2011년 연속으로 미국 최고 40개 레스토랑에 뽑혔다.

지중해산 캐비어에 크림을 살짝 얹은 애피타이저로 시작한 식사는 로부숑 레스토랑이 자랑하는 푸아그라를 비롯해 가재, 연어 등이 차례로 등장하는 요리의 향연이었다. 메뉴 사이사이에는 프랑스 보르도 와인 학교에서 학위를 마친 한국인 정통 소믈리에가 왜 이 음식과 이 와인이 잘 매칭되는지 설명을 곁들여주었다. 다들 식사하는 동안 테이블 맞은편에 앉은 상대와 담소에 몰입하면서도 다음 요리가 무엇인지 기대하고 있는 모습들이었다. 마침내 마지막 디저트인 원뿔 모양의 보라색 초콜릿 디저트를 맛보며 감동에 빠졌다. 나처럼 입이 무딘 사람도 '아, 세상에 이런 멋진 맛이 존재하는구나'라고 느꼈으니 말이다. 혀와 눈을 동시에 만족시키는 완벽한 요리는 처음이었다. 시저스 팰리스에서 역시 미슐랭 스리 스타 셰프 기 사보이Gue Savoy 셰프가 옆 자리에 앉아서 내놓는 요리를 먹어보았지만 이만큼 압도되지는 않았다.

다음날, 라스베이거스의 화려한 야경을 자랑하는 더 호텔The Hotel 63층의 레스토랑 믹스Mix에서 조엘 로부숑을 처음 만났다. 이 곳은 유명 요리잡지 〈본 에프티〉가 주관한 세계 최고의 요리사 초청 이벤트 '언코크드Uncorked(마개를 따다)'의 오프닝 파티가 열린 장소이기도 하다.

그는 완벽한 마에스트로의 느낌이었다. 깊이를 가늠할 수 없는 눈빛과 약간 딱딱한 듯 보이는 무표정, 신중한 언어 구사가 그만의 아우라를 만들어냈다. 세계 정상급 지휘자를 연상케 하는 카리스마였다. 그는 칼라에 파랑, 흰색, 빨강 색상이 들어간 하얀 셰프복을 입고 있었다. 프랑스 국기 '삼색기' 색상이다. 프랑스 국민들이 그를 국보 셰프 혹은 국민 셰프라고 부르는 데는 이유가 있는 듯했다. 열다섯에 요리업계에 발을 들여놓은 후 불과 스물하나에 프랑스 요리 홍보대사가 될 정도였으니, 프랑스 국민의 사랑과 자부심인 셰프라고 할 수 있다.

로부숑은 뛰어난 감각으로 스물여덟 살 때 이미 최고의 요리사로 알려지기 시작했으며, 요리책 출판과 방송으로 대중적인 인기를 얻었다. 1981년 파리에 낸 그의 첫 레스토랑 자맹Jamin은 개점 첫 해 미슐랭 별점 하나를 얻은 뒤 매년 별점을 하나씩 추가했다. 그리하여 역사상 최단 기간인 3년 만에 별 세 개를 얻은 레스토랑이 되었다.

그는 현대 프랑스 요리의 부흥을 주도하며 세계 최고의 요리사로 등극했다. 그의 레스토랑은 2010년 미슐랭 가이드로부터 별점 26개를 획득해 16개를 딴 네덜란드의 알랭 뒤카스Alain Ducasse, 12개를 딴 영국의 고든 램지Gordon Ramsay, 7개를 딴 미국의 토마스 켈러Thomas Keller

등 라이벌들을 여유 있게 따돌렸으며, 그가 세계 최고의 셰프라는 인정을 받게 해주었다. 이로써 그는 프랑스 요리의 아성을 위협하던 스페인과 덴마크 등의 공세를 막아내고 프랑스 국민의 자존심을 세워주기도 했다. 지금은 프랑스와 일본, 홍콩, 미국 등 전 세계 20개가 넘는 나라에 자신의 이름을 딴 레스토랑을 운영하고 있다.

첫 만남에서는 간단한 인사만 나누고 헤어졌다. 로부숑과의 인터뷰 장소는 예술 같은 음식을 먹었던 맨션 바로 옆에 있는 '아틀리에 드 조엘 로부숑'이었다. 아틀리에 역시 미슐랭 별 하나, 포브스 별 셋, 다이아몬드 넷, 자갓 서베이 최고의 라스베이거스 레스토랑에 이름을 올린 식당이다.

입구부터 강렬한 이미지가 뿜어져 나왔다. 짙은 검정이었다. '로부숑 맨션'의 흰색과 완벽한 반전이었다. 고급스러운 느낌을 주면서도 사람의 기분을 차분해지게 만드는 묘한 힘이 있었다. 곳곳에 빨강과 주황의 강렬한 원색이 고급스러움을 더했다. 아틀리에에서 요리 시연을 보이는 그의 표정에는 진지함과 조용한 열정이 뿜어져 나왔다. 아틀리에는 바로 눈앞에서 요리의 전 과정을 직접 볼 수 있도록 오픈 키친 형태로 되어 있었다.

로부숑이 시연하는 요리 이벤트를 직접 보려고 미국 전역, 캐나다를 비롯해 심지어 유럽에서 온 골수팬들도 있었다. 뉴욕에서 몇 달 전에 이 이벤트를 예약해놓고 기다려온 아버지와 딸, 결혼기념일에 맞춰 텍

사스에서 온 커플 등 다양한 사연의 사람들이 참석했다. 다들 숨을 죽이고 귀를 기울였다. 식당 내 설치해 놓은 TV화면과 키친에 서 있는 그의 모습을 번갈아 보았다. 로부숑은 예술 작품을 설명하듯 꼼꼼히 설명했고 잠시 뒤 영어 통역이 따랐다.

요리 시연이 끝난 뒤 로부숑과 만났다. 그는 이번에는 수도사 같은 분위기였다. 목까지 오는 칼라 없는 검은 와이셔츠를 입고 있어서였을까. 내가 영어로 질문을 하면 통역자가 불어로 통역했고, 그의 불어 답변을 다시 영어 통역으로 들어야 했다. 함께 있었던 시간에 비해 더 많은 대화를 나누지 못한 것이 유일한 아쉬움이었다.

가장 궁금했던 것. 그는 어떻게 해서 성공한 요리사가 되었을까.

"어려서부터 요리를 좋아했습니다. 요리를 하면 기분이 좋아지고 몰두할 수 있었어요. 집중력을 갖고 하다 보니 남들이 잘한다고들 해줬습니다. 글쎄요, 다른 사람이 보지 않는 곳에서도 그 일을 집중할 수 있을 정도로 좋아한다면 누구든 자기 분야에서 성공할 수 있지 않을까요."

요리는 즐거운 일일까, 고된 일일까. 요리사에게 물어보면 열이면 여덟아홉은 힘들다고 한다. 하루 8시간 이상을 뜨거운 불 앞에서 땀을 흘려야 하는 직업이다. 쉴 새 없이 주문이 쏟아지는 분주한 키친에서 망가지기 쉬운 재료를 갖고 다른 동료들과 함께 호흡을 맞춰 완벽한 음식을 내놓는 것은 상당한 긴장감이 요구되는 일이다. 디즈니 영화

〈라따뚜이〉의 소재가 되었던, 미슐랭 등급이 내려가는 바람에 자살했던 한 프랑스 셰프의 이야기처럼 늘 비평가를 사방에 두고 투명 유리룸에서 일하는 것처럼 만만찮은 스트레스를 경험하게 된다. 하지만 똑같이 손이 불에 데어도 신바람 나게 열정을 사르면서 일하는 셰프와 불만 가득한 얼굴로 성의 없게 만드는 셰프의 음식 맛은 얼마나 차이가 날까.

그가 말하는 성공의 '인그리디언트Ingredient', 즉 재료는 '좋아함'이었다. 좋아해야 관심이 생기고 집중력이 생긴다. 요리를 설명할 때 그의 눈은 빛이 났고 낮고 조용했던 목소리는 활기를 띠었다.

"당신이 세계 최고의 요리사로 평가받는 이유는 무엇일까요."

"글쎄요. 세계 최고가 되겠다고 일한 적은 없습니다. 굳이 말하자면 전 완벽주의자입니다. 요리는 모든 감각이 모이는 곳이죠. 완벽한 색깔을 지녀야 하고, 맛과 식기와 서비스, 인테리어가 한 점의 흠이 없도록 노력합니다. 내게 최고의 요리가 뭐냐고 묻는 사람이 많아요. 그러면 전 다음에 만드는 내 음식이라고 말합니다."

그리고 그는 현재 만들고 있는 음식에 그만큼 힘을 쏟는다. 중요한 것은 '세계 최고의 셰프가 되겠다'라며 비전을 세우고 벽에 표어를 붙인다고 해서 알맹이가 만들어지는 게 아니라는 사실이다. 고된 일조차 즐기고 새로운 창작물을 만든다는 쾌감이 다음 요리를 만드는 에너지로 변환된다. 그리고 그 과정에서 완벽함이 수반된다. 한 치의 오차도 없이 완벽한 멋과 맛. 그럴 때 명성이 제 발로 찾아온다.

그런데 자기만족이 먼저다. '이걸 하면 사람들이 이렇게 평가하겠지', 하는 잡념이 사라지고 심리학자 미하이 칙센트미하이가 말하는 'Flow', 몰입이 시작된다. 이러한 몰입을 잘할수록 행복해진다. 자기만족이 외부로 발산되면 다른 사람을 행복하게 해주는 힘과 가치를 지니게 된다. 어려서부터 지금까지 주방에서 일한 그의 얼굴은 이를 증명하고 있다.

어느 직업이든 똑같겠지만, 전문가의 세계에서 디테일은 더욱 중요하다. 손끝 하나에 사람의 생명이 달려 있는 의사나 오케스트라와 완벽한 화음을 이뤄내야 하는 지휘자에게 '완벽함'은 선택이 아니라 필수사항이다. 그 팽팽한 긴장감을 즐기려면 역시 좋아해야 한다. 즐겨야 한다. 싫어하는데 미래를 위해서? 내가 좋아하는 것을 포기하고 시간을 쏟아 붓는다? 그런 희생정신으로는 최고의 길에 들어서기 어렵다. 직업이란 것이 그렇다. 부와 명예를 위해 직업을 택한 사람과 그렇지 않은 사람 사이에는 넘을 수 없는 격차가 존재한다.

"요리는 당신에게 무엇입니까?"
"내가 살아가는 이유입니다."
머릿속에서 '쿵' 하는 소리가 나는 듯 했다. 자신이 하는 일에서 이토록 짧고 명확한 이유를 대는 사람을 만나본 적이 없다. 평생을 주방에서 보낸 그는 젊은 시절 요리를 함께 시작했던 친구들이 심장마비 등으로 하나둘 세상을 떠나자 그 충격으로 50세 때 은퇴한다. 하지만 다른 일이 재미가 있을 리가 없었다. 그의 숙명은 요리였다. 다시 주방으로 복귀한 그는 2003년 검은색 나비넥타이를 맨 웨이터와 예약제, 식탁을 없애고 바에서 식사하는 새로운 스타일의 레스토랑 '아틀리에 드 조엘 로부숑'을 선보인다. 문턱을 낮추고 맛의 수준을 올린 그의 식당은 선풍적인 인기를 끌었다. 물고기가 물을 떠나 살 수 없듯 요리는 그에겐 숨을 쉴 수 있는 '물'이었다.

대가에게 일은 고통이 아니다. 오히려 즐거움이다. 자기 존재를 드러내는 표현법이다. 지속적인 환희를 맛보고 머릿속에 있는 아이디어를 구체화하는 도구다. 일 중독자와는 다르다. 일 중독자는 사람이 매몰된다. 이에 반해 대가는 사람이 드러나도록 일을 한다. 로부숑은 일을 하지 않아도 평생 먹고 살 수 있는 돈과 세계적인 명성은 충분히 쌓았다. 그럼에도 불구하고 그는 주방으로 돌아왔다.

젊은 날 그를 일약 세계적인 셰프로 만든 음식은 복잡하고 어려운 음식이 아니었다. 그를 유명하게 만든 것은 으깬 감자 요리, '매시드 포테이토Puree de pommes de terre'다. 그저 간식처럼 먹던 평범한 음식이 로부숑을 통해 특별한 요리로 평가받은 대표적인 음식이 되었다. 예순 중반의 나이, 지금은 과연 어떤 음식이 그를 대표할까 궁금했다. 내 질문에 그는 미소를 지으며 대답했다.

"글쎄요. 제게 대표 음식이란 없어요. 매번 만드는 음식이 모두 대표 음식입니다."

조엘 로부숑이 만든 요리는 오감을 자극하는 완벽한 '아트Art'다. 섬세한 맛, 아름다운 빛깔과 향기, 그리고 세련된 식기 위에 뿌려진 검고 붉은 소스의 조합은 예술품 그 자체였다. 이를 떠올리며 그에게 물었다.

"매번 새로운 요리는 어떻게 창조하나요?"

"모든 새로운 요리는 전통에서 출발합니다. 전통을 알아야 현대 스타일로 창조할 수 있어요. 전통은 결코 사라지지 않는 근간입니다."

16~18세기 절대 왕정시대. 프랑스 요리는 유럽의 중심에 있었다. 화려한 베르사이유 궁정에서 온갖 재료와 소스를 가지고 완벽한 미각의 실험이 반복되었다. 절대 권력을 가진 왕들의 까다로운 입맛을 맞추려면 요리의 수준이 높을 수밖에 없었다. 이런 대단한 요리는 시민 혁명으로 잠시 사라졌다가 다시 부활했다. 아래로부터의 혁명도 혀끝의 즐거움만큼은 바꿀 수 없었다. 로부숑은 이런 저력을 가진 프랑스 요리를 현대식으로 재해석해서 높은 가치를 인정받았다. 그는 단순한 전통의 계승자라기보다는 변혁자였다.

우문현답이 계속되는 느낌이었다. 주제를 바꿔보았다. 세계 각국을 다니며 유명한 요리라면 모두 맛보았을 그가 한식을 먹어본 적 있는지 알고 싶었다. 놀랍게도 그는 한국 대사관 초청으로 한국에 와서 먹은 적이 있다고 했다. 한식을 먹은 그는 세 번 놀랐다고 했다.

"한국 음식이 오랜 전통, 다양한 발효 양념(간장, 고추장, 된장), 요리 테크닉을 갖고 있다는 사실에 놀랐어요. 그런 점에서 한국은 다양한 현대 요리를 창조할 수 있는 기반을 갖고 있다고 생각합니다."

어떤 한식이 가장 기억에 남는지 물었다. 로부숑은 고개를 갸웃하며 내게 반문했다.

"동그랗게 생겨서 작은 피자처럼 생긴 음식인데, 이름이 뭐죠?"

부침개를 가리키는 것 같았다. 부침개라고 했더니 고개를 끄덕거렸다.

"또 하나 있어요. 생고기를 사시미처럼 잘라 참기름 소스에 버무려 놓은 요리인데……."

"육회?"

"맞아요. 유케(육회). 일본의 사시미처럼 신선함과 씹히는 맛을 지닌 특별한 매력이 있더군요. 또 하나 있지요. 갈비찜은 부드러운 맛과 양념이 잘 조화된 아주 훌륭한 음식이에요."

이번에는 요리 이름을 정확하게 말했다. 찬사에 가까운 반응이었다. 우리는 우리가 먹고 있는 부침개와 육회, 갈비찜에 대해 얼마나 높은 평가를 하고 있을까. 세계 최고의 셰프로 꼽히는 그가 부침개의 다양한 변형 방식, 육회의 씹는 질감, 갈비찜의 조화로움에 놀라고 있었다.

수행원이 다가와 촬영 시간이 됐다며 양해를 구했다. 포토존Photo zone에 로부숑이 등장하자 카메라 플래시가 여기저기서 터졌다. 전혀 미동이 없는 그의 표정은 마치 중국 고사에 나오는 '목계木鷄'를 연상케 했다. 목계는 말 그대로 나무로 만든 닭으로, 주변에 흔들리지 않고 침착하고 냉철하게 카리스마를 뿜어내는 이를 비유한다. 로부숑은 세계 최고의 셰프라는 티를 전혀 내지 않았다. 유명 미국 유명 셰프들에게서 간혹 볼 수 있는 과장스런 제스처나 자신의 요리가 최고라는 허세가 깃든 멘트가 전혀 없었다. 미국 기자들의 찬사 섞인 질문에도 그의 표정은 한 치의 변화도 없었다. 그저 진심으로 요리를 사랑하고 엄청난 열정을 쏟아 부은 한 셰프의 '조용한 카리스마'가 느껴졌다.

그 사이 수행원은 내게 로부숑의 인기에 대해 이야기해주었다. 그의 요리를 맛보기 위해 각국의 대통령과 대기업 회장, 할리우드 스타들이 수시로 러브콜을 보내고 있다며, 그들에게는 가장 만나기 어려운 셰프라고 설명했다. 최고의 스타 셰프, 그의 삶은 어떨까. 사진을 찍고 난 그를 다시 만났다.

"스타 셰프로 살아가는 것은 어떤가요?"

"그건 남들이 내게 붙여준 이름일 뿐, 내가 그렇게 생각해본 적은 없어요. 한번도 명성을 위해 요리해본 적이 없습니다. 중요한 것은 지금도 요리를 할 수 있다는 사실입니다."

그는 이미 남들이 매겨준 이름의 가치에 초월해 있었다. 일본 도쿄

"우리의 삶 자체가 요리입니다. 주어진 재료에 불평하지 말고
잘 선택하고 다듬어서 새로운 요리를 창조해보세요.
자신의 개성에 맞게, 혼이 담긴 요리를 만드세요.
인생이 행복해질 겁니다."

"Life is like cooking a meal.
Don't complain about the ingredients that are available to you.
Pick and choose the best ingredients and create something new;
a new dish that you and only you can make, a dish that reflects your soul.
Your life will become happier for it."

조엘 로부숑   193

에 캐주얼한 로부숑 라틀리에를 오픈할 때였다. 프랑스 요리의 대가가 테이블 장식도 하지 않고 접시나 식기를 저렴하게 갖춘 대중적인 식당을 내자 언론의 관심이 쏠렸다. 그는 자신이 미슐랭 스리 스타 주방장이면서도 미슐랭에게 평가하러 오지 말라고 했다. 그런데도 미슐랭측은 따로 와서 맛을 확인하고는 별 두 개를 줬다. 다른 셰프 같으면 언론의 주목을 못 받아서 안달일 텐데, 그만큼 맛과 서비스에 자신이 있다는 것을 알려주는 일화다.

막스 베버Max weber는 《프로테스탄트의 윤리와 자본주의》에서 이렇게 말했다. '부단하고 지속적인 세속적 직업노동은 최고의 금욕을 위한 수단임과 동시에 거듭난 신앙의 진실성에 대한 가장 확실하고 분명한 증표다.' 어떤 직업을 통해서라도 좋다. 구두를 만들든, 요리를 하든, 학생을 가르치든, 노래를 하든. 이것이 서양 문화를 윤택하게 해준 가치가 아닐까.

한국의 독자를 위한 조언을 부탁했다. 거장답게 답변이 걸작이었다.

"우리의 삶 자체가 요리입니다. 주어진 재료에 불평하지 말고 잘 선택하고 다듬어서 새로운 요리를 창조해보세요. 자신의 개성에 맞게, 혼이 담긴 요리를 만드세요. 인생이 행복해질 겁니다."

로부숑은 미소를 지었다.

그를 만나고 라스베이거스로 오는 길에 이런 의문이 가슴을 휘몰아

쳤다. 남의 시선이 닿지 않는 식당 주방에서 소스 한 방울, 칼질 한 번, 손끝 하나에 그처럼 최선을 다할 수 있을까. 세상 사람이 아무도 몰라주더라도 정말 진심을 다해, 혼신의 힘을 다해 할 수 있을까. 요리든 뭐든 자신이 좋아하는 일을 찾아서.

세상은 이런 단계에 올라선 사람, 이런 가치를 추구하는 사람을 가리켜 마에스트로라 하지 않을까. 나는 남이 몰라줘도 스스로의 기준에 도달하기 위해 노력하고 있는가. 남이 보지 않는 곳에서도 내 꿈을 이루기 위해 진한 땀방울을 흘리고 있는가.

세계 최고의 영화 메카 할리우드에서 가장 창의적인 인재

스티브 정Steve Jung

할리우드 최고의 콘셉트 디자이너.
〈트랜스포머2, 4〉, 〈어벤져스〉 등 할리우드 흥행 대작의 콘셉트 디자인을 담당했다.
맥 지McG, 마이클 베이Michael Bay 등 최고의 블록버스터 감독들이
가장 일하고 싶어 하는 인재로 손꼽힌다.
명문 미대 패서디나 아트센터 졸업. 1978년 한국 출생.

"결핍이야말로
성장을 가져다주는
가장 센 동력입니다."

Lessons from the TOP

꼬마는 장난감 가게 유리창 밖에 서 있었다. 몇 시간이고 가게 안을 들여다보았다. 선반에는 갖고 싶은 로봇과 자동차, 인형들이 잔뜩 진열돼 있었다. 너무나도 갖고 싶었지만 부모님에게 사달라고 떼쓰지도 않았다. 한 번 얘기를 꺼냈다가 부모님의 얼굴이 무척 어두워진다는 걸 알았기 때문이다. 꼬마는 속마음을 감출 줄 아는 성숙한 아이였다.

부모님은 미국 이민 초창기 사기를 당해 전 재산을 잃었다. 그 후 밤낮으로 일했지만 늘 생활고에 허덕였다. 매달 생존을 걱정하는 처지다 보니 꼬마는 그 흔한 장난감 하나 가져보지 못했다. 그러던 어느 날 그에게 좋은 아이디어가 떠올랐다. 꼬마는 집안에 뒹굴던 동전을 샅샅이 모아 방바닥에 풀어놓았다. 꽤 많은 동전이 모였다. 이 동전을 두 줄로 나눠 정렬시켰다. 그러자 동전은 아군과 적군으로 변했다.

"넌 여왕이고, 너희들은 기사, 포병이야."

꼬마는 명령을 내렸다. 커다란 은색 쿼터(25센트)는 여왕, 가장 날렵한 다임(10센트)은 기사, 두툼한 주석으로 만든 니켈(5센트)은 포병, 가무잡잡한 구릿빛의 페니(1센트)는 병사가 되었다. 그중에서 유난히 빛나는 다임은 여왕을 호위하는 꼬마 자신이었다. 그는 대열 앞에서 부대를 지휘했다.

"돌격 앞으로~!" 북이 둥둥 울렸다.

"와~!" 하고 도열한 군대가 함성을 질렀다. 가장 먼저 기마대가 먼지를 일으키며 초원 앞으로 진격했다. 땅이 요동쳤다. 꼬마는 기마대 맨 앞에서 백마를 몰았다. 하늘에서는 적군의 화살이 비처럼 쏟아졌지만 속력을 멈추지 않았다. 어디선가 돌풍이 불어와 적의 공격을 무력화시켰다. 꼬마는 마법사의 힘을 빌려 하늘로 날아올랐다가 내려오면서 광선이 뿜어져 나오는 칼을 휘둘렀다. 적군은 도망가기 바빴고 마침내 성은 함락됐다.

꼬마의 상상 속에서 방바닥은 중세 전쟁터가 되었다가 우주선이 착륙하는 우주정거장이 되었고, 거친 파도가 넘실대는 태평양이 되었다. 동전들은 그때마다 군인, 로봇과 우주선, 항공모함이 되었다. 무엇에든 상상력을 불어넣으면 현실이 되었다.

그리고 20여 년이 지났다.

2012년 한국 최다 관객동원을 기록한 영화 〈어벤져스〉와 블록버스터 〈배틀쉽〉, 〈토르〉, 〈트랜스포머2〉 등의 할리우드 흥행대작의 엔딩

자막에는 '스티브 정'이라는 이름이 들어 있었다. 이 영화들을 콘셉트 디자인한 주인공은 20여 년 전 동전 놀이를 하던 그 꼬마였다.

스티브 정은 할리우드에서 맹활약하고 있는 '콘셉트 디자이너'다. 전 세계에서 내로라 인재들이 몰려드는 할리우드에서도 그와 같은 일을 하는 사람들은 20여 명에 불과할 정도로 희귀한 포지션이다. 주로 블록버스터 같은 대작의 초기 단계에서 감독과 시나리오 작가와 함께 머리를 맞대고 전체 영화를 이끌어가는 콘셉트와 캐릭터, 주요 건물, 분위기를 결정한다. 달랑 시나리오 콘티 몇 장과 감독의 의도만 갖고 영화 전체의 세밀한 아웃라인을 스케치하고 디자인해 내놓는 상상력의 귀재들이다.

스티브 정은 영화 스튜디오에서 차기작을 만들 때마다 섭외 1순위로 꼽힌다. 사실적이면서도 기하학적인 디자인과 독특한 분위기로 실감나는 미래상을 그려내는 그의 솜씨에 같이 일했던 영화감독들이 먼저 러브콜을 보낸다. 그와 작업했던 감독들은 〈터미네이터〉의 맥 지McG, 〈트랜스포머〉의 마이클 베이Michael Bay, 〈배틀쉽〉의 피터 버그Peter Berg, 〈타이탄의 분노〉의 조너선 리브스만Jonathan Liebesman 등 이름만 들어도 쟁쟁한 할리우드 거물들이다.

스티브 정을 만나야겠다고 생각한 것은 우리 사회에 던져진 창의성이란 화두 때문이었다. 사실 한국뿐 아니라 미국에서도 창의력 교육 바람이 거세게 불고 있다. 무한경쟁시대에 접어들면서 암기력과 응용

력만으로는 더 이상 새로운 가치를 창출하지 못한다. 온라인에서 몇 번의 클릭만으로 모든 지식을 열람할 수 있고 지구 반대편에 있는 소비자와 소통하며 물건과 서비스를 직접 팔 수 있는 시대 아닌가. 특히 애플과 삼성이 특허 전쟁으로 격돌하면서 고 스티브 잡스 같은 창의적인 인재가 기업의 미래를 먹여 살리는 최고의 자원으로 떠올랐다.

창의성으로 따진다면 가장 치열한 전장은 어디일까. 매년 순위가 엎치락뒤치락하는 전자업계나 이동통신업계, 자동차업계를 떠올리는 사람이 많을 것이다. 그렇지만 각국의 다양한 문화와 언어를 비집고 전 세계를 상대로 '흥행 코드'를 만들어야 하는 할리우드만큼 치열한 전쟁터가 있을까. '꿈의 공장'이라는 낭만적인 별칭으로 불리는 이곳은 아이디어와의 피비린내 나는 전쟁이 매일같이 일어나는 곳이다. 하루에도 수백, 수천 개의 아이디어기 쏟아졌다 소리 없이 사라진다. 그중에서 국적과 인종, 학벌, 지연에 관계없이 사람의 오감을 사로잡을 수 있는 아이디어만이 생존을 보장받는다.

이런 할리우드에서 독보적인 위상을 차지하고 있는 스티브 정이야 말로 창의력에 대한 최고의 가르침을 줄 수 있지 않을까. 반짝하고 마는 일회성의 아이디어가 아니라 지속적으로 생산 가능한 창의력 말이다.

그는 악바리였다. 스무 살이 되어서야 미술에 입문했다. 대학에 들어오기 직전에야 본격적으로 그림에 손을 댄 것이다. 그런데도 미국의 3대 미대로 꼽히는 패서디나 아트센터에 들어갔다. 입학 스토리는 드라마보다 더 드라마틱했다.

어린 시절 가족을 억눌렀던 절대 빈곤이 고등학교에 가면서 풀렸다. 그러자 뒤늦게 방황이 찾아왔다. 품행이 단정치 못한 친구들과 어울리면서 공부는 뒷전이었고 성적은 당연히 바닥이었다. 대학 입학이 목전에 다가왔지만 그가 들어갈 만한 대학은 없었다. 엎친 데 덮친 격으로 교통사고까지 당했다. 오른팔 뼈가 40여 조각으로 산산이 부서질 정도로 심한 부상을 입었다. 병원 침대에 누워 있으니 비로소 제정신이 들었다. 상처로 인한 아픔보다는 아무 데도 쓸모없는 인생이 될 것 같다는 절망감이 가슴을 후벼 팠다. 고통스러웠다. 한숨으로 잠 못 이루는 밤이 많아졌다. 그러던 어느 날 친구가 병문안을 왔다.

"스티브, 그래도 그만하기 다행이다. 앞으로는 어떻게 할 거야?"

"글쎄……. 딱히 생각해보지는 않았어."

"넌 어려서부터 그림을 잘 그렸잖아. 패서디나 아트센터를 가보는 건 어때? 미술 분야에선 UCLA보다 더 명문이야. 학교 선배들도 쟁쟁하고. 영화, 자동차, 산업 디자인에서 내로라하는 거장들이 많아. 창의성과 가능성을 많이 보니까 네가 유리할 수도 있어."

친구가 우연히 던진 말이 그의 인생을 바꾸는 전환점이 됐다. 미국에서 가장 좋은 대학이 UCLA라고 생각했던 스티브는 그 자리에서 굳게 결심을 한다. 그림으로 인생을 바꿔보자고.

그 후 스티브는 6개월 동안 병원에 있으면서 강렬하게 소망을 키웠다. 퇴원하자마자 학원을 찾아갔다. 무작정 그림을 가르쳐달라고 했다. 비장감이 담긴 그의 눈빛에 압도당한 학원 원장은 그를 집중적으로 가르치기 시작했다. 그렇게 몇 달을 준비해서 기적적으로 패서디나 아트센터에 입학했다. 초중고 시절부터 준비했던 학생들도 떨어지는 이 대학에 붙은 것은 일종의 기적 같은 일이었다.

대학에 들어가서는 본격적으로 열정을 불살랐다. 남들보다 뒤처졌다는 조급함이 항상 그를 채찍질했다. 학기가 시작하는 첫 주에 강의 계획안을 받자마자 기말 작품을 만들었다. 이를 들고 가 지도교수와 학장을 만나 수업 없이 학점을 인정받아 시간과 학비를 절약하기도 했다.

그런가 하면 〈스타트렉〉의 비행선을 디자인해 세계적인 명성을 얻은 콘셉트 디자이너 제임스 클라인에게 "4년 뒤에는 나를 능가할 것 같다"라는 칭찬을 받기도 했다. 학교 선배였던 제임스에게 포트폴리오를 보여주었더니, 그의 가능성을 높이 사준 것이다. 그의 칭찬이 스티브에게는 엄청난 용기를 불어넣어 주었다. 이런 노력 덕분에 미국 대학생은 4년, 유학생은 5~6년 걸린다는 학위 과정을 그는 3년 만에 조기 졸업했다.

야외 카페에서 만난 스티브 정에게 단도직입적으로 물었다.

"할리우드에서도 가장 창의적이라는 평가를 받고 있는데요. 어떻게 창의성을 개발할 수 있을까요."

"전 창의력이 머리에서 나온다는 말을 믿지 않습니다. 오히려 엉덩이에서 나온다고 생각해요. 한 번 구상에 들어가면 5시간이고 10시간이고 한자리에 앉아 몰입하는 편입니다. 끝을 내야 일어섭니다. 졸업 후 회사에서 일을 시작한 뒤 7년 동안 딱 사흘 쉬어봤어요. 그것도 아파서요.

어느 날 일어나서 샤워를 하는데 모든 게 흰색으로 보이지 뭡니까. '엄마, 세상이 왜 이렇게 하얀색이죠?'라고 물었는데 '그게 무슨 말이냐고 그러시는 거예요. 엄마의 말을 듣고 그제야 제 눈에 문제가 있다는 걸 알게 되었죠. 병원 응급실로 갔더니 안과의사가 무조건 쉬지 않으면 실명 위험이 있다고 얘기하더군요. 하지만 사흘째 되던 날 시력이 정상으로 돌아오자 다시 출근했지요."

스티브 정의 첫 직장은 비디오 게임회사로 잘 알려진 세가SEGA였다. 샌디에이고에 있는 회사에서 먹고 자며 일에 몰두했다. 최고의 디자이너를 목표로 삼아 엄청난 노력을 기울였다. 그곳에서 다크 워치Dark Watch를 콘셉트 디자인했다. 그렇게 2년이 지나자 더 이상 그에게 일을 가르쳐줄 사람이 없어졌다. 그가 최고가 되었기 때문이다. 만류하는 회사의 제의를 뿌리치고 철옹성 같은 할리우드의 문을 두드렸다. 그리고 자신의 실력을 발휘하며 콘셉트 디자이너로 이름을 날리기 시작했다.

스티브는 재학 시절 모교 출신인 마이클 베이 감독의 강연을 들은 적이 있다. 그때 스티브는 '저 감독이랑 일해봤으면 좋겠다'고 소원했는데, 나중에 트랜스포머 사단에 합류하며 현실이 됐다. 그는 〈트랜스포머2〉에 나오는 60여 개의 변신 로봇 가운데 8개를 디자인했다. GM대우 '마티즈'의 후속모델인 '비트'와 '트랙스'를 이용해 '스키즈'와 '머드플랩'을, 콜벳 콘셉트카를 이용해 '사이드스와이프', 잠수함에서 발사되는 '래비지'라는 변신 로봇을 만들었다. 그는 이 작품을 하면서 디테일의 중요성을 배웠다.

"창의성을 구현하는 데는 디테일이 아주 중요합니다. 사람들은 의외로 사소한 것에서 감동을 받거든요. 마이클 베이 감독은 자기 마음에 드는 디자인이 나올 때까지 집요하게 요구하는 완벽주의 스타일이에요. 한 번은 로봇 하나를 마음에 안 들어 해서 한 달 동안 그린 적도 있어요. 매일 밤을 지새우며 수백 장을 그린 후에 마침내 OK 사인이 났지요."

콘셉트 디자이너는 영화 제작 초창기 6개월에서 1년 반 정도 일한다. 그리고 다른 신작으로 옮겨간다. 일감이 늘 기다리는 편이어서 시간이 겹치면 쏟아지는 제의를 부득불 거절해야 한다. 영화 〈인셉션〉과 〈아이언맨〉의 제의도 일정이 중복돼 아쉽게 거절해야 했다. 매번 신작 영화 작업을 할 때마다 엄청난 부담감을 경험한다. 혁신적인 디자인을 기대하는 감독들의 기대에 걸맞은 작품을 선보여야 하기 때문이다. 그는 아이디어를 어디서 얻는 것일까. 그것도 한 번도 경험하지 않은 미래를 그려야 하는 일에 대해. 한 달에도 수십 여 편의 영화와 책을 섭렵하며 트렌드를 파악하지 않을까 예상했지만, 그의 대답은 뜻밖이었다.

"한 해 보는 영화는 한 손에 꼽을 정도예요. 그것도 제가 만든 영화 시사회를 포함해서요. 다른 영화를 자꾸 보면 영향을 받거나 상상력에 제한을 받기 때문에 보지 않습니다. 대신 다큐멘터리를 즐겨봅니다. 실물을 잘 알아야 창조가 가능하니까요. 현실에 기초하지 않으면 사람들이 허구라고 생각해 잘 믿지 않거든요."

우리가 흔히 생각하듯 미래를 창조한다고 해서 공상을 하는 것이 아니었다. 치열하게 사실을 탐구해 얻은 결과물, 그 속에서 독창적인 것이 나온다는 말이었다. 총기, 탱크, 군함, 해저, 전쟁 등은 그가 즐겨보는 다큐멘터리 주제다. 그 속에서 우주선, 비행체, 미래 건축물이 지어진다. 영화 스크린에서 눈을 떼지 못하게 만드는 스펙터클한 전투 장면과 기묘하면서도 음울한 분위기를 지닌 도시, 우주에서 금방 튀어나온 외계인과 변신로봇들이 모두 그의 상상력을 거쳐 탄생했다.

최근 들어 그의 관심사는 고대 한국의 미술사로 옮겨가고 있다. 고대 한국 예술작품의 부드러운 선과 힘이 조화된 예술미가 독특하다고 했다. 언젠가는 한국적인 미를 할리우드적 상상력으로 재현하고 싶다는 것이 그의 소망이다.

"대단한 근성과 노력으로 이 자리까지 왔는데, 무엇이 그렇게 일하도록 만들었나요?"

"일종의 결핍 때문이랄까요. 갖고 싶고, 하고 싶은 게 많았는데 채워지지 않았어요. 가난해서 제약이 너무 많았고, 기회가 충분히 주어지지 않았어요. 그러다 보니 내 몸 안에서 '해보고 싶다', '이루고 싶다'는 간절함이 넘쳐났지요. 만약 제가 풍족한 가정에서 태어나 편안하게 미술 공부를 했다면 지금처럼 될 수 있었을까요. 특히 젊은 세대에겐 뭔가 좀 부족한 게 좋은 것 같아요. 결핍이야말로 성장을 가져다주는 가장 센 동력이라고 생각합니다."

가장 강력한 창의성의 동인動因은 결핍, 즉 모자람에서 온다. 부모에게 기댈 것이 없는 젊은이가 미래를 생각할 때 불안하고 허전한 것은 당연한 일이다. 스티브의 말에 따르면 내면에서 쏟아져 나오는 불안을 서둘러 '끌' 필요가 없다. '없다'는 결핍 의식이 오히려 삶을 뜨겁게 살아갈 수 있는 에너지원으로 작용하기 때문이다. 유치원부터 대학원까지 부모가 알려주는 진로를 그대로 따라 살아온 청년이 모험과 도전을 찾아 치열한 삶의 현장으로 뛰어들기란 쉽지 않다. 그러니 부모에게 물려받을 게 없다고 불평하지 말자. 이미 강렬한 동기부여를 할 수 있는 기회를 제공해주셨으니 그것만으로 감사해야 할 것이다.

그래서 지혜로운 부모는 낯설고 힘든 환경에 자녀를 밀어 넣으며, 고생을 통해 자립심과 의지를 키워준다. 마치 사자가 강물이 흐르는 절벽 위에서 새끼를 밀어뜨려 제 힘으로 올라오게 하고, 독수리가 날갯짓을 막 시작한 새끼를 공중에서 떨어뜨렸다가 받는 것을 반복하며 스스로 나는 법을 깨우치게 하듯이. 자연스럽게 교육으로 대화가 옮겨갔다.

"아이들의 창의성은 어떻게 개발해야 하나요. 어려서부터 음악, 미술 학원을 안 보내는 집이 없고 요즘은 두뇌 개발이나 창의력 교육이 유행입니다."

"아이들이 신선한 관심을 잃지 않도록 하는 것이 가장 중요합니다. 너무 많이 시키는 것은 오히려 안 시키는 것보다 못해요. 패서디나 아트센터에서 같이 공부하던 동료 학생들 중에서 흥미 잃은 미술 천재들을 너무 많이 봤어요. 우리 학교 학생들은 이미 어려서부터 미술에서 두각을 드러낸 친구들이 대부분인데, 어려서 너무 많이 해서인지 정작 가장 실력을 키워야 할 대학에서 소홀히 하는 경우가 많아요. 제 경우에는 반대였죠. 뒤늦게 흥미를 느껴서인지 하루에도 8시간 이상씩 그린 날들이 허다해요. 그러면서 하루가 다르게 실력이 늘었죠. 어려서 영재 소리를 듣던 친구들이 이런 경험을 하는 일은 드물어요. 그러니 어려서 아이가 남다른 재능을 보이더라도 흥분하지 말아야 합니다. 강요된 학습보다는 자발적으로 관심을 가져 오랫동안 유지할 수 있도록 도와주세요. 그렇게 한다면 대학이나 사회에 나와서 어느 분야를 택하든 창의성을 발휘하는 인재가 되리라 생각합니다."

그러면서 그는 설명을 보탰다.

"어린아이들에게 너무 많은 장난감을 사주지 마세요. 특히 부모님들이 '레고'를 많이 하면 아이들이 창의적이 된다면서 많이 사다주시는데 역효과가 날 수도 있어요. 오히려 상상력을 제한할 수 있거든요. 우주선이나 자동차가 그런 형태일 것이라는 생각의 틀이 고정돼버려요. 순서에 따라 조립하는 손재주는 배울 수 있을지 몰라도 창의력을 배우기는 어려워요. 가끔 장난감 없이 심심한 시간을 보내도록 해주세요. 숙제가 힘들다고 대신 풀어주기보다는 스스로 하는 법을 길러주세요. 또 재미있는 다큐멘터리를 같이 보면서 대화를 나누시고 자녀들과 여행을 자주 떠나세요. 혼자서 깊이 생각할 수 있는 능력을 키워준다면 창의력을 발휘할 수 있는 사람이 될 겁니다."

너무 풍족하게 주기보다 아이에게 좀 부족한 환경을 마련해주라는 것이 그가 말하는 핵심일 것이다. 그림으로 캔버스를 꽉 채우기보다는 여백을 두듯이.

화제를 돌려 할리우드 이야기를 꺼냈다. 다양한 영화들이 사랑받고 있지만, 할리우드의 위상은 여전하다.

"어떤 인재와 시스템이 있기에 할리우드가 전 세계인을 사로잡는 영화 작품을 꾸준히 생산할 수 있는 걸까요?"

"할리우드가 가진 오픈 시스템 덕분입니다. 철저하게 실력을 보상을 받을 수 있는 무한경쟁 시스템이죠. 누구나 창의적인 아이디어만 있으면 꼭 학연이나 지연 없이도 시작할 수 있어요. 물론 저처럼 선발 주자의 프리미엄은 어느 정도 보장해줍니다. 하지만 항상 새롭게 진입하는 신입 디자이너들이 무섭게 쫓아와요. 루키들의 거침없는 도전과 베테랑의 노련한 방어, 이 가운데 폭발적인 아이디어의 교환이 이뤄지게 됩니다. 저도 밤잠을 자지 않으면서 작품을 만드는 신입 디자이너의 열정을 지켜보며 초심을 되새기곤 합니다. 결론은 지속적인 학습을 할 수밖에 없어요. 이런 시스템은 디자이너뿐 아니라 감독과 배우, 작가, 기술 담당 등 모두에게 해당됩니다. 부단한 노력만이 지속가능한 작품 활동을 보장하고, 이것이 할리우드 전체의 경쟁력으로 이어집니다."

스티브는 운전을 하다가 뭔가 특이하거나 응용할 것이 나타나면 바로 차를 세우고 사진을 찍는 일이 일상이 됐다고 한다. 언젠가 어느 장면에 쓰일 것 같다는 느낌 때문이다. 시간이 나면 다큐멘터리를 보고 유명 건축물을 찾아 학습에 힘을 쏟는다.

스티브는 30대 초반이라는 비교적 젊은 나이에 이미 자신이 작성한 꿈의 목록을 상당히 많이 이뤘다. 그가 상상력으로 구현했던 영화처럼, 강력한 상상력을 통해 현실을 만들었다. 부유한 유학생이 다닌다는 패서디나 아트센터에서 가난한 고학생으로 장학금을 받기 위해 고군분투 했던 그는 이제 LA다운타운에 있는 고급 콘도에 산다. 아침이면 일어나 샌타모니카에 있는 마이클 베이 감독의 스튜디오로 출근한다. 그리고 할리우드에서 가장 창조적인 인재들과 유쾌한 대화를 나누고 일과 놀이의 경계를 허물며 새로운 무언가를 창조한다. 명문 미대 오티스OTIS에서 학생을 가르치는 교수가 됐고 자신의 경험을 전수해

주기 위해 차린 아카데미도 성황 중이다. 한국 정부기관과 언론사에서 초청해 세미나도 여러 차례 열었다. 한때는 꿈에 불과했던 일이 지금은 모두 현실이 되었다.

앞으로의 꿈은 자신의 이름이 걸린 콘셉트 디자인 스튜디오를 차리는 것이다. 그 꿈의 목록 뒷부분에는 '영화감독 되기'도 적혀 있다. 갈 길은 멀지만 조급하지는 않다. 오늘을 열심히 살아가다 보면 언젠가 다가올 현실이기 때문이다. 젊음은 부족하기 마련이고, 그것을 열정으로 채워나가는 것이 인생의 소중한 의무다.

나는 스티브 정이 트랜스포머 사단에 합류할 때부터 알게 됐다. 그 후 그의 눈부신 성장을 지켜보면서 내린 결론은 세상에서 가장 큰 보물은 왕의 무덤이나 난파선, 보물섬에서 발견되는 것이 아니라는 사실을 확신하게 되었다. 그 보물은 우리에게 가장 가까운 곳, 바로 자신의 머리카락 아래 있는 두뇌에 숨어 있다. 여기서 나오는 사고의 힘이 지금도 개인의 운명을 바꾸고 새로운 미래를 창조하고 있다.

"첫 직장에 다닐 때 롤모델로 삼아 일을 배울 만큼 천부적인 재능을 지닌 디자이너가 있었어요. 재능도 타고났지만 항상 즐겁게 일을 하면서도 영감을 주는 그런 사람이었어요. 노력파인 저는 그게 너무나 부러웠지요. 그 후 회사를 옮긴 뒤에도 슬럼프가 오거나 힘든 상황이 오면 그를 생각하며 이겨냈습니다. 그런 그가 얼마 전 루게릭병에 걸렸다는 소식을 들었어요. 손을 못 쓰게 되자, 발과 입으로 그렸고 지금

"'내가 갖고 있는 모든 것이 하나 둘 사라져간다면
마지막으로 하고 싶은 일은 무엇일까.
언젠가 이 세상을 떠나게 될 때, 내가 살아간 존재의 의미는 무엇일까.
그리고 나는 그 대답에 맞게 살고 있는가.'
만약 그 질문에 명쾌하게 답할 수 있다면,
누구라도 의미 있고 창조적인 삶을 살아가는 사람이 되지 않을까요?"

"'If everything I owned were to disappear one by one, what would be the very last
thing I would want to do?
When, one day, I eventually leave this earth, what kind of meaning would I want my
life to have had?
Am I now living my life to fulfill that meaning?'
If you can answer these questions with certainty and conviction,
then surely you can say you are living a meaningful and productive life."

은 손끝, 발끝 하나 움직일 수 없는 상태가 되었다고 하더군요. 그래도 그는 포기하지 않고 눈동자를 움직여 컴퓨터에 그림을 그린다고 하더군요."

그의 눈시울이 붉어졌다.

"처음엔 그가 무엇 때문에 그렇게 필사적으로 그려야 하는지 이해가 되지 않았습니다. 하지만 그에게 그림은 일이 아니라 존재의 이유라는 깨달음이 왔어요. 그 순간 이런 질문이 머릿속에 떠오르더군요. '내가 갖고 있는 모든 것이 하나 둘 사라져간다면 마지막으로 하고 싶은 일은 무엇일까. 언젠가 이 세상을 떠나게 될 때, 내 존재의 의미는 무엇일까. 그리고 나는 그 대답에 맞게 살고 있는가.' 만약 이 질문에 명쾌하게 답할 수 있다면, 누구라도 의미 있고 창조적인 삶을 살아가는 사람이 되지 않을까요?"

스티브 정의 마지막 말을 듣고 돌아오면서 이런 생각이 들었다.

이 세상을 떠나게 될 때 내 존재의 의미는 무엇일까? 마지막 숨을 거둘 때까지 내가 하고 싶은 일은 무엇일까? 그리고 지금 나는 그런 삶을 살고 있는가?

©caesar Entertainment

세계 최대 카지노·호텔 경영자

개리 러브맨 Gary Loveman

세계 최대 카지노 호텔 체인 시저스 엔터테인먼트 회장 겸 CEO.

MIT 경영학 박사. 하버드 경영대학원 교수였으나,

시저스 창업주의 삼고초려 끝에 갬블 업계에 발을 디딤.

그의 전략과 리더십 아래 시저스 그룹은 1위 그룹으로 우뚝 섰다. 1960년 미국 출생.

"인생에
한 방은 없습니다."

Lessons from the TOP

"올인All in."

남자는 짧게 한마디 던진다. 녹색 테이블 위에 수북하게 쌓인 칩을 모두 앞으로 밀며. 절체절명의 순간 그는 가진 전부를 베팅한다. 그리고 이긴다. 두둑한 배짱으로 상황을 순식간에 역전시켜 버린 것이다. 딜러와 다른 플레이어들이 얼이 빠진 표정을 하고 있는 사이 그는 돈가방을 챙겨 유유히 사라진다. 우리가 흔히 보는 영화와 드라마에 나오는 겜블러의 모습이다.

안타깝게도 이런 드라마틱한 반전은 현실에선 거의 일어나지 않는다. 승률 1%를 생각하며 모든 걸 걸지만 실패할 확률 99%를 벗어나기란 어렵다. 물론 TV는 실패한 이후는 결코 보여주지 않는다. 모든 것을 잃었을 때 얼마나 비참한 생활을 해야 하는지도 알려주지 않는다. 빈곤의 대물림, 관계의 단절, 약물과 알코올 중독, 그 후 펼쳐지는 잿빛 세상에 대한 언급은 하나도 없다. 그래서일까, 우리 주변에서는 이런 소리가 자주 들린다.

"인생 뭐 있어, 한 방이지."

들을 땐 화끈하고 멋있어 보인다. 그렇게 보면 다들 쩨쩨하게 살아가고 있는 것 같다. 인생의 문제가 한 방으로 해결된다면 정말 좋겠지만 그럴 기회가 별로 없다. 로또나 카지노, 주식 시장을 기웃거려 보지만 이길 확률이 아주 낮고 감당할 리스크가 너무 크다.

지구상에서 '가장 큰 한 방을 날릴 수 있는' 곳은 어디일까. 마카오를 떠올리는 이도 있겠지만 사막 위의 신기루 같은 라스베이거스를 주저함 없이 꼽는 사람들이 가장 많으리라. 전 세계 관광객들이 몰려들고 밤낮 없이 불 켜진 호텔들마다 슬롯머신이 돌아가며 심지어 길거리와 공항에서도 유혹의 손길이 멈추지 않는 도시다.

라스베이거스는 인류사에 걸친 인간의 욕망을 녹인 도시답게 세계 유명 관광지를 모아 축소해놓았다. 이집트 문명을 상징하는 피라미드를 본뜬 럭소, 로마 제국의 영광을 재현해놓은 시저스 팰리스, 지중해의 꽃 모나코의 몬테카를로, 자유의 여신상이 횃불을 들고 있는 뉴욕 뉴욕, 이태리 수상도시 베네치아를 본뜬 베네치안, 에펠탑이 서 있는 파리스, 북이탈리아 호수를 이미지화한 벨라지오, 초현대식 공법으로 지은 아리아…….

라스베이거스를 방문할 때마다 이 거대한 호텔들과 전 세계에서 사람들을 불러들이고 있는 카지노의 수장은 누구일까 참으로 궁금했다. 라스베이거스는 스트립Strip 대로를 사이에 두고 수십 개의 특급호텔이 즐비하게 서 있지만, 이 호텔의 주인은 사실 단 3개의 그룹이다. 시저스 팰리스를 포함해 해라스, 플래닛 할리우드, 파리스, 플라밍고, 발리스, 리오 등을 보유하고 있는 세계 최대의 카지노·호텔 그룹 '시저스 엔터테인먼트(이하 시저스)'와 이에 맞서 MGM 그랜드, 벨라지오, 아리아 등을 갖고 있는 MGM 그룹이 그 뒤를 바짝 쫓고 있다. 마지막으로 라스베이거스 호텔의 전설인 스티브 윈Steve Wynn이 만든 초특급 호텔 '윈 라스베이거스'를 기반으로 한 호텔 그룹이 3파전을 벌이고 있다.

3개 그룹 가운데 최대 규모인 시저스 그룹의 CEO이자 회장인 개리 러브맨을 인터뷰해야겠다고 마음을 먹었다. 섭외를 시작했지만 쉽지 않았다. 그를 만나기 위해서는 많은 게이트를 통과해야 했다. 라스베이거스에 있는 시저스 호텔만 생각했던 나는 러브맨 회장이 전 세계 50여 개 카지노 호텔과 7개의 럭셔리 골프코스에서 연간 90억 달러를 벌어들이는 그룹의 수장이라는 사실을 알게 되었다.

라스베이거스 호텔 카지노 업계는 그동안 치열한 각축전을 벌여왔다. 시저스 그룹은 수십 년간 호텔 1위 자리를 유지하고 있었으나, 스티브 윈이 자신의 이름을 딴 호텔 윈을 짓기 위해 벨라지오가 포함된 미라지 리조트 그룹을 MGM 그룹에 매각하면서 일대 지각변동이 일어났다.

2위로 밀린 위기상황에서 시저스 호텔 그룹은 하버드대 경제학 교수였던 개리 러브맨을 영입한다. 그는 세계적인 학문적 명성과 하버드라는 브랜드를 내려놓고 카지노 업계로 뛰어들었다. 몇 년간 카지노 산업을 지켜보며 분석에 열중한 그는 2003년 CEO가 되자 라스베이거스 사상 최대의 '쩐의 전쟁'을 감행한다. 단 두 개의 호텔 그룹이 서로 주도권을 쥐려 하는 게임. 절대 밀려서도, 말려서도 안 되는 게임에 러브맨 회장은 전면에 나서서 가장 중요한 고객을 공략했다. 그 결과 10년 간의 전쟁 끝에 시저스 그룹은 MGM 그룹의 아성을 누르고 다시 업계 1위로 올라섰다.

시저스 팰리스, '시저의 황궁'이다. 로마 시대를 기본 콘셉트로 절제된 직선의 하얀 대리석 건물이 라스베이거스 스트립 한복판에 우뚝 솟아 있다. 로마 양식으로 지어진 '신의 정원' 수영장은 라스베이거스에서도 최고로 불린다. 한국 중년세대에겐 82년 세계 타이틀 매치에 도전했다 경기 직후 사망했던 고 김득구 선수의 경기가 벌어진 호텔로 잘 알려져 있고, 젊은 층에겐 월드스타 비가 공연한 호텔로 잘 알려져 있다.

러브맨 회장을 기다리다 이런 생각이 들었다. 러브맨의 승부수는 도전이었을까, 도박이었을까. 어떻게 해서 2등 기업에서 1등 기업으로 올라섰을까.

잠시 뒤 비서실의 연락을 받았다. 갑작스럽게 일이 생겨 라스베이거스에 올 수 없게 되었다는 것이다. 대신 괜찮다면 전화 인터뷰라도 하는 건 어떠냐고 물었다. 대신 시간은 충분히 드리겠다며 죄송하다는 양해의 말과 함께.

그때 처음 알게 되었다. 러브맨 회장이 동부 보스턴에 살면서 개인 제트 비행기를 타고 라스베이거스로 통근한다는 사실을 말이다. 별 대안이 없었다. 나중으로 미루면 시간이 언제 잡힐지 몰랐다. 보스턴을 달리는 리무진에 탄 러브맨 회장과 전화가 연결되었다.

나는 첫 질문을 던졌다.

"하버드대 경영학 교수 출신이었는데 어떻게 카지노 산업에 발을 담게 됐나요."

"흔치 않은 스토리죠. 하버드 MBA 교수로 있을 때 해라스 호텔 그룹(시저스 전신)의 컨설팅을 수년간 했습니다. 어느 날 해라스 그룹 창립자가 저녁 초대를 하더니, 나에게 같이 일하자는 제의를 해왔어요. 그동안 자신의 회사를 위해 경영 전략을 세워왔으니 당신이 가장 잘 알고 있지 않느냐고, 이론 대신 직접 실행해달라는 말이었지요. 상당한 도전이었습니다. 심사숙고 끝에 수락했지요. 1998년 해라스 그룹의 최고운영책임자COO를 거쳐 2003년 최고경영자CEO를 맡게 됐습니다."

도전과 도박은 어떻게 다를까. 도전의 사전적 의미는 정면으로 맞서 싸움을 걸다, 어려운 사업이나 기록 경신 따위에 맞섬을 비유적으로 이르는 말이다. 도박의 의미는 요행수를 바라고 불가능하거나 위험한 일에 손을 대는 일, 금품을 걸고 승부를 다투는 일을 말한다. 기량을 발휘하기보다는 우연성이 큰 비중을 차지한다는 점에서 도전과 도박은 다르다. 또 의미 있는 가치를 부여할 수 있다면 무모해 보이더라도 도전에 해당한다. 도박의 유일한 가치는 '한 방'이다.

그가 하버드대 경영학 교수라는 타이틀을 내려놓고 겜블 기업으로 적을 옮긴 것은 주변 사람들에게는 도박처럼 보였을 것이다. 성공이냐 실패냐의 여부를 떠나 고색창연한 전통과 엘리트 의식을 가진 하버드 교수사회에서 우호적인 눈길만 보내지는 않았기 때문이다. 그러나 그에게는 도전이었다. 고객관리이론, 게임이론의 권위자에서 실천가로, 2등 기업을 1등 기업으로 일으키는 전략을 실행해볼 수 있는 기업가로 도전해볼 민한 가치를 느낀 것이다.

"상당히 다른 직종이라 어려움이 많았을 것 같은데요."

"아주 많이 달랐죠. 하하. 공통점이 거의 없어요. 그러나 두 직업 모두 매력적인 일입니다. 학생들을 가르치는 일도 좋았지만 거대한 기업을 운영하는 일도 아주 즐기고 있습니다. 그리고 학계에서 먼저 일한 것이 잘한 것이라고 생각합니다."

그는 변하고 있는 라스베이거스의 환경에 주목했다. 외부 환경이 변하고 있으니 기업도 이에 맞춰 변해야 했다. 특히 카지노 호텔의 특성상 발 빠른 대처가 필요했다. 라스베이거스는 이제 더 이상 '도박의 도시'로 불리지 않는다. 도박에서 얻는 수익보다 컨벤션으로 발생하는 수익이 더 커졌기 때문이다. 미국 동서남북에서 접근이 용이한 지리적 이점과 훌륭한 부대시설로 미국 최대의 컨벤션 도시로 발돋움했다. 또한 전 세계 최고급 레스토랑과 무제한 호텔 뷔페가 있어 가장 싼 음식부터 비싼 음식까지 맛볼 수 있는 요리의 도시, 세계 모든 명품 브랜드가 진열돼 있는 각종 상점이 즐비한 쇼핑의 천국, 호텔마다 상설 공연장을 갖춘 〈태양의 서커스〉가 펼쳐지는 엔터테인먼트의 무대로 탈바꿈했다. 러브맨 회장은 이 같은 도시의 변화를 정확히 읽어냈다.

"지난 10년간 라스베이거스에는 많은 변화가 있었어요. 가장 큰 변화는 도박이 아닌 활동이 크게 늘어났다는 점입니다. 호텔마다 더 많은 소매점과 스파, 레스토랑이 들어섰고 공연, 컨벤션 등에 대한 비중이 커졌습니다. 도박 도시도 엔터테인먼트를 피해갈 수는 없어요."

러브맨 회장은 고객을 자세히 분석했다. 적보다는 고객을 먼저 알아야 했다. 그래야 공략 포인트가 나오기 때문이다. 이를 바탕으로 그는 '토털 리워즈 프로그램'을 창안했다. 하버드대 MBA 교수 시절 연구하던 고객관리이론을 카지노 기업에 도입해 만든 것이다. 카지노 고객에게 마그네틱 카드인 로열티 카드를 지급해서 게임을 할 때마다 기록을 남겨 카지노를 자주 찾거나 게임을 많이 할수록 더 많은 인센티브를 주는 서비스다. 이 프로그램은 당시 해라스가 MGM을 추격하는 중요한 발판이 되었다.

러브맨 회장은 말했다.

"토털 리워즈 게임을 만든 것은 카지노를 찾는 고객을 파악할 수 있는 일종의 메커니즘이 필요했기 때문입니다. 고객이 매번 게임을 어떻게, 얼마나 하는지 알게 되면 그 고객에게 맞는 서비스를 지속적으로 제공할 수 있지요. 이는 해라스만의 충성 고객을 확보하는 데 큰 도움이 되었습니다. 지금은 이를 전 세계로 확대해 많은 고객들이 이용할 수 있도록 노력하고 있습니다."

카지노 하면 도박의 이미지가 떠오른다. 배포와 대담함, 무모함이 모두 담겨 있다. 그러나 러브맨 회장에게 받은 인상은 치밀한 계산과 신중함이었다. 그는 그동안 카지노 호텔 그룹이 중점적으로 관리해오던 '하이 롤러High roller', 즉 고액을 배팅하는 고객 대신 푼돈을 즐기는 일반 고객을 겨냥했다. 일반 고객들에게 각종 프로모션과 그룹 역량을 집중시킨 것은 얼핏 보기에 '위험한 도박'처럼 보였지만, 실상은 정교한 분석이 뒷받침된 것이다. 그는 실험을 통해 얻은 것을 현장에 반영시켰다. 해라스 그룹에서 실험한 내용은 하버드대 MBA 케이스 스터디에도 소개됐다. 실험 내용은 다음과 같다.

'무료 숙박에 두 번의 스테이크 저녁 식사, 30달러어치 카지노 칩 제공 등이 포함된 125달러짜리 패키지 상품과 60달러어치 카지노 칩만 제공하는 상품 가운데 어느 쪽이 더 많은 매출을 올릴 수 있을까.'

손님을 두 그룹으로 나누어 실험해보니 60달러어치 카지노 칩 제공 상품이 훨씬 더 많은 매출을 올리는 것으로 나타났다. 이 역시 예상을 뒤엎는 결과였다. 러브맨 회장은 이 외에도 카지노 방문객들이 머무는 시간을 2일에서 3일로 늘린다든가, 고객당 평균 베팅 금액을 5달러에서 25달러로 높이기 위해 할인 프로모션을 하고 쿠폰을 제공하는 등 여러 이벤트를 시도했다.

러브맨은 모든 실험 전후에 엄청난 양의 데이터에 대한 분석과 함께 평가를 지속적으로 수행했고 이를 현장에 그대로 적용시켰다. 그는 그동안 대부분의 매니저들이 정보가 별로 없이 업무를 수행했다는 사실을 알게 되었다. 이를테면 직원회의에서는 정교한 분석 없이 감에 의한 결정이 내려졌다. 그러나 정보는 많을수록, 분석을 많이 할수록 좋다는 것이 그의 지론이었다. 이런 정보 없이 값비싼 컴퓨터 시스템을 들여놓으면, 결국엔 실적에 큰 영향을 미치지 않는 정보를 생산하고 가공하는 데 엄청난 돈이 투자된다는 것이었다. 시저스는 2000년대 중반부터 두터운 서민층을 주요 고객으로 확보하기 시작했고 잇단 인수 합병을 거치면서 덩치를 키울 수 있었다.

"MGM을 물리치고 1등 기업으로 올라섰는데요. 이 과정에서 어떤 리더십을 발휘했나요?"

차창 밖으로 바람소리가 조금 들렸다. 그는 밝은 목소리로 말했다.

"제가 생각하는 리더십은 이렇습니다. 명확한 방향을 제시하고 가장 재능 있는 사람을 채용하며, 그들이 사업 전략을 효과적으로 따를 수 있도록 모든 자원을 제공하는 것입니다. 또 모든 직원이 추구하고, 고칠 수 있는 최상의 기준을 창조하는 것입니다."

러브맨의 리더십은 이끌기보다는 제시하는 스타일이었다. '넛지 효과Nudge effect'처럼 옆구리만 살짝 찔러주면 스스로 알아서 행동할 수 있도록 만드는 식이었다.

그는 고위 경영진들이 잘못된 결정을 내릴까 두려움에 사로잡혀 옴짝달싹 못하고 있다는 것을 알게 되었다. 이에 그는 합리적 의사 결정을 가능하게 하는 방안으로 '심리적 안전지대Psychological safety zone'를 제시했다. 불가능하다는 생각에 압도돼 있는 직원들에게는 아주 작게 쪼개 해결할 수 있는 실천 방안을 만들어주는 '작은 승리 전략Small wins strategy'을 제안했다. 적절한 타이밍의 미소, 칭찬 및 신뢰의 표현, 자신의 실수에 대한 인정, 두려움이나 냉소 및 적대감을 부추기는 고객들에 대해 부드럽지만 단호한 대응 등 수백 가지의 작은 말과 행동들을 통해 분위기를 안정시키고 성과를 낼 수 있도록 만들었다.

그는 CEO로서 하루에도 몇 번씩 중대한 결정을 내려야 한다. 어떤 선택은 전체 그룹의 향방을 바꾸기도 한다. 중대한 결정은 어떻게 내릴까, 그의 방법이 궁금했다.

"항상 몇 가지 반복적인 단계를 거칩니다. 일단 얻을 수 있는 정보는 모두 모읍니다. 그리고 일어날 일을 추론해본 뒤 스스로 질문을 합니다. 그 다음 이 문제에 대해 전문가들의 의견을 들은 뒤 내가 할 수 있는 최상의 결정을 내립니다."

©caesar Entertainment

"중대한 결정을 내리기 전엔 항상 몇 가지 반복적인 단계를 거칩니다.
일단 얻을 수 있는 정보는 모두 모읍니다.
그리고 일어날 일을 추론해본 뒤 스스로 질문을 합니다.
그 다음 이 문제에 대해 전문가들의 의견을 들은 뒤
내가 할 수 있는 최상의 결정을 내립니다."

"Before I make any important decision,
I always follow the same steps of deliberation.
First, I gather as much information as I can.
Then, I make assumptions based on what has taken place and
then I pose questions to myself.
Afterwards, I listen to the opinions of experts, and I reach the best possible decision."

"카지노 호텔 기업의 CEO로서 다음 과제는 무엇입니까."

"전 세계에 불어 닥친 금융위기 속에서도 기업을 지속적으로 이끌어 나가는 것이고, 아시아 시장에서 브랜드를 확장시키는 것입니다. 그 중에서도 한국을 아시아의 교두보로 생각해요. 중국 관광객이 많이 몰려들 수 있고, 일본에서도 자유롭게 왕래할 수 있는 지정학적인 입지 조건이 뛰어나기 때문입니다. 최근엔 한국을 자주 다녀옵니다. 세 번째 방문에서 느낀 점은 한국의 경제가 활기를 찾고 있다는 것이고, 해외에서 몰려들고 있는 관광객 등이 인상적이었어요. 한국 카지노 업계 관계자들을 폭넓게 만나면서 여러 의견을 듣고 있어요. 아직 한국 법에는 해외 카지노의 진출에 대한 제약이 많기 때문에 여러 사항을 잘 검토하고 있는 단계입니다."

러브맨 회장이 갑자기 가수 비 이야기를 꺼냈다. 시저스 호텔에서 열린 비 공연은 대단한 성공을 거둬 호텔 측도 깜짝 놀랐다면서. 비는 2006년 월드투어 첫 공연을 미국 라스베이거스에서 했는데, 바로 시저스 호텔에서 열린 것이었다. 이 공연은 몰려드는 팬들로 매진을 기록했다.

"비 공연을 유치하게 된 계기가 있었나요?"

"어느 날 임원회의였어요. 우리 호텔에는 한국인 고객이 많이 찾아와서 이들을 위한 이벤트를 생각하고 있었지요. 그러자 한국인 가수 비가 아시아 시장에서 큰 영향력이 있는 매력적인 가수라는 얘기가 나왔어요. 공연 당시 비는 한국계뿐 아니라 중국계, 일본계, 베트남계,

거기에 미 전역에서 팬들이 몰리는 등 상당한 인기가 있더군요. 앞으로 기회가 되면 공연을 더 추진해보고 싶습니다."

국민 소득이 높아지면서 한국에서도 호텔, 휴양 산업인 하스피탈리티Hospitality 시장이 확대되고 있다. 미국은 이 분야의 선진국이고 라스베이거스는 그 선봉에 있다. 그는 하스피탈리티 산업의 미래를 어떻게 전망하고 있을까.

"이 산업은 지속적인 혁신이 이뤄지고 있는 분야입니다. 디지털 기술이 접목되면서 고객에 따라 개별 서비스가 이뤄지고 있습니다. 이를 통해 전 서비스 영역에 걸쳐 업그레이드가 이뤄질 것으로 봅니다."

실제로 라스베이거스에서는 디지털화가 급속도로 진행되고 있다. 이제 슬롯머신에서 딴 돈이 더 이상 소리를 내며 나오지 않는다. 대신 얇은 종이에 찍혀 나온다. 그전에는 돈이 나오는 시간 동안 게임을 할 수 없었는데, 이제는 계속 게임을 할 수 있다. 또 개인의 도박 금액, 스타일에 맞춰 좋아하는 게임을 맞춤식으로 제공하는 방안도 일부 시행 중이다.

"하루 일과 중에 가장 중요한 활동을 꼽는다면 무엇인가요."
"하나를 꼽기가 정말 어렵네요. 두 가지를 꼽자면 하나는 아이들과 시간을 보내는 것이고, 또 하나는 직업적으로 수석 부사장들과 회의를 통해 그들이 하는 일을 잘 이해시키고 잘할 수 있도록 돕는 것입니다."

그는 자신의 가치를 밝히고 실천하는 데 주저하지 않았다. 동시에 자신이 해야 할 일을 분명히 아는 사람임을 드러내 보였다. 러브맨은 매일 치열한 숫자와의 전쟁을 벌이는 CEO이지만 보스턴 근교에서 라스베이거스로 비행기로 출퇴근하고 있다. 그 이유는 자녀의 교육 때문이었다. 그만큼 가족의 가치를 중시하고 있었다. 아마 한국의 경영자들이 가장 취약한 점이 이 부분이 아닐까, 하는 생각이 들었다. 실제로는 가족을 위해 일한다는 한국 가장들이 일 때문에 가족을 희생시키고 있는 경우도 많기 때문이다.

언젠가 대통령 전기를 써온 전기 작가를 만나 미국을 관통하는 핵심가치에 대해 들은 적이 있다. 그는 미국 대통령의 연설문을 관통하는 핵심가치는 '3F'라고 했다. Family, Freedom, Faith, 즉 가족, 자유, 신앙이 바로 그것이다. 링컨, 케네디, 부시, 오바마에 이르기까지 어떤 대통령의 연설에서도 빠지지 않고 있는 요소가 3F라고 했다. 대중이 대통령 연설에 열광하는 이유는 그 내용이 미국인의 사고방식, 그리고 가치와 연결되어 있기 때문이다. 가족은 그만큼 미국인이 중요하게 생각하는 가치다.

이제 한 가지 질문을 할 시간밖에 남지 않았다. 나는 마지막 질문을 던졌다.

"지금까지 러브맨 회장이 살아오면서 얻은 최고의 조언은 무엇입니까."

그의 답변은 간단명료했다.

"당신과 협력할 수 있는 최고의 인재와 일하라는 조언이었습니다."

철이 철을 날카롭게 한다. 당신 주변에 있는 뛰어난 인재는 당신의 두뇌와 마음을 자극시켜 더 큰 일을 할 수 있도록 도와준다. 이런 조언을 꾸준히 실천한 노력이 2등 기업을 1등 기업으로 만드는 비결이 아니었을까. 사업이든 인생이든 최고의 인재를 만나야 성공할 수 있는 기회도 그만큼 많이 얻을 수 있다.

이번 글을 마무리하기 전에 깜박 잊은 게 있다. 라스베이거스에서 가능하면 도박은 피하는 게 좋다. 소액을 재미로 하는 것은 몰라도 돈을 따려고 생각한다면 아예 시작을 말라고 하고 싶다. MIT와 하버드 등에서 수학 천재라고 불리던 엘리트 졸업생들이 만든 카지노 프로그램을 우리의 평범한 두뇌로 이길 가능성은 거의 없기 때문이다. 혹시 운이 좋아 생각지도 않은 돈을 땄다면 얼른 자리에 일어나라. 늦게 일어날수록 그 돈이 당신 수중에 있다는 보장은 점점 희박해진다. '좀 더 딸 거야'라는 겜블러의 욕심 덕분에 라스베이거스가 오늘도 휘황찬란하게 빛나고 있다는 사실을 잊어서는 안 될 것이다.

오늘을 제대로, 열정적으로 산 사람만이 훗날 제대로 된 한 방을 보상받는다. 사람들은 오지 않을 한 방을 위해 황금보다 더 소중한 오늘을 의미 없이 보내버리고 만다. 그러나 자연의 법칙을 따르는 '인생의 슬롯머신'은 요행이 아닌 인내로 터진다.

당신은 꿈의 '대박'을 위해 오늘을 어떻게 보내고 있는가.

세계 최고의 '캔 두 스피릿Can Do Spirit'

김태연 Tae yeon Kim

150cm의 작은 키로 누구보다 더 큰 꿈을 이뤄낸 그녀. TYK그룹 회장.

미국 100대 우량기업, 미국인이 일하고 싶은 직장 1위,

실리콘 밸리의 첨단 IT기업인 라이트하우스를 비롯해 6개 계열사를 거느리고 있다.

수잔 앤소니상, TWIN상, 캘리포니아주 상공인상 기업부문상 등 수상.

1946년 경북 김천 출생.

"그도 하고,
그녀도 하는데
나라고 왜 못하겠어요?"

사람은 거절을 당하면 움츠러든다. 거절당하는 이유는 다양하다. 낮은 성적 때문에 부모에게 호된 꾸지람을 듣기도 하고, 환영받지 못하는 외모나 성격 때문에 학교 친구나 이성으로부터 거절을 당하기도 한다. 원하는 대학이나 회사에 들어가는 데 실패하기도 한다. 마음이 여린 사람은 이 과정에서 깊은 상처를 받는다. 아예 마음의 벽을 쌓고 외부와 소통을 단절하거나 트라우마로 스스로 고통받는다. 그렇게 거절당할수록 인정받고 싶다는 욕구가 강해진다. 태어난 대로 사람들에게 받아들여지지 않다 보니 자신을 바꾸어보려 애쓴다. 얼굴도 바꾸고 성격도 개조하려고 노력한다.

그러다 보니 어떻게 사는 것이 나답게 사는 것인지 잊어버린다. 타인의 시선을 너무 신경 쓰니 물 위의 부유물처럼 주관 없이 살아간다. 내 꿈대로 사는 것은 고사하고 그저 남들에게 손가락질 받지 않고만 살았으면 하는 사람이 되어간다. 어떻게 하면 거절을 이겨내고 내가 원하는 인생을 살아갈 수 있을까, 라는 질문을 맞닥뜨리면서 나는 한 사람을 떠올렸다. 전 세계를 다니며 "He can do. She can do. Why not me?"를 외치며 거절당한 사람들에게 자신감과 용기를 심어주는 '캔 두 스피릿Can Do Spirit'의 전도사 김태연 회장이다.

숱한 역경을 이겨내고 미국 100대 우량기업, 미국인이 일하고 싶은 직장 1위, 실리콘 밸리의 첨단 IT기업으로 우뚝 선 라이트하우스를 이끄는 경영자이자 자신의 이름을 내건 프로그램인 〈TYK 쇼〉 진행자인 그녀는 이미 미국 내 저명인사의 반열에 올라 있다. 다양한 사회활동으로 '수잔 앤소니상', YWCA의 'TWIN상' 등을 수상하며 세계적인 여성 리더로 활약하고 있다. 특히 수잔 앤소니상은 여성 인권 향상에 기여한 공로로 주는 상으로 미국 여성들 사이에서 노벨상 이상에 버금가는 가치를 지닌 상이다.

할리우드 인근 유니버설 힐튼 호텔에서 LA를 방문 중인 김태연 회장을 만났다. 인터뷰에 앞서 김태연 회장은 지인들과 할리우드 제작자, 작가 등과 함께 모임을 갖고 있었다. 그는 유창한 영어로 미국인 좌중을 사로잡았다. 인내에 대해 이야기하며 유머도 곁들였다.

"어떤 사람이 기도를 하고 있었습니다. '하나님, 당신에게는 1분이 1,000년 같다고 하셨지요?' 그랬더니 하나님이 그렇다고 답하셨지요. 그 사람은 다시 물었습니다. '그럼 1,000만 달러는 얼마나 될까요?' 하나님은 다시 답하셨습니다. '1페니 정도 되겠지.' 그러자 그 사람이 이렇게 기도했지요. '하나님, 그럼 1페니만 주세요.' 그랬더니 하나님께서 이렇게 답하셨습니다. '알았다. 1분만 기다려라.'"

방안 가득 웃음이 터졌다. 분위기가 한창 무르익자 김태연 회장 때문에 새로운 인생을 살게 됐다는 학생들과 주변 사람들이 감사의 말을 전했다. 왕따 문제로 자살하려던 10대 백인 여학생, 갱의 일원으로 활동했던 한국계 남학생, 마약 중독에 빠졌던 브라질계 남학생 등이 태권도와 정신수련을 통해 자신의 삶이 어떻게 변화됐는지 생생하게 전했다. 마치 교회 부흥회에서 간증을 듣는 것만큼 뜨거운 분위기였다. 김 회장을 탁월한 경영자이자 태권도 그랜드 마스터로만 알고 있었던 내 생각이 한참 모자랐다는 걸 알게 됐다.

내게 가장 감동적으로 다가왔던 사람은 마리아라는 멕시코계 보모였다. 그녀는 영어를 한마디도 하지 못해 옆에서 통역을 해주었다. "하늘이 내게 보내신 천사입니다. 태연 김은 내게 살아갈 희망을 주었습니다." 마리아는 짤막하게 김태연 회장에게 감사를 표한 뒤 에스파냐어로 노래를 부르기 시작했다. 반주도 없고 가사도 알아들을 수 없었지만 방 안에 있는 모두는 가슴으로 부르는 노래라는 것을 알았다. 성당에서 부르는 찬양 같았다. 노래에는 진실함이 배어 있었다. 세상에서 가장 아름다운 노래를 들은 듯 사람들은 열렬한 박수로 화답했다.

그 뒤 김태연 회장의 반응이 인상적이었다. 김 회장은 뭔가 화답하고 싶었지만 스페인어를 전혀 할 줄 몰랐다. 그렇다고 그냥 넘어가기에는 조금 아쉬운 분위기였다. 몇 초쯤 생각하던 김태연 회장은 자리에서 벌떡 일어나 〈베사메무초〉를 불렀다. 한국인이 가장 좋아하는 노래 중 하나가 아닌가. 베사메무초는 우리말로 '나를 사랑해줘요(키스해주세요)'라는 뜻이다. 김 회장이 조금도 주저하지 않고 멋들어지게 노래를 부르자 환호가 터져 나왔다. 노래라는 형식을 빌려 서로의 마음이 통하는 시간이었다.

모임이 끝난 뒤 김태연 회장과 인터뷰가 마련됐다. 나는 거절에 대한 질문으로 시작했다.

"그동안 쓰신 책을 보니 김 회장님만큼 많은 거절을 당한 분도 드문 것 같습니다."

"그렇죠. 태어날 때부터 거부당했으니까요. 정월 조하루 아들을 기다리던 온 식구의 염원에도 불구하고 계집아이로 태어났다는 이유로 처음부터 박대를 당했죠. 어려서부터 '재수 없는 아이'라는 소리를 들으며 컸고 나는 관심 밖이었어요. 어머니는 나를 보며 '왜 태어났느냐'며 한숨을 쉬었고 아픈 날이면 자리에 누워 '나랑 같이 죽자'라는 말을 자주했어요. 어느 날 아버지에게 얻어맞고 있는 나를 보고 남동생이 흥분해서 아버지에게 주먹을 휘둘렀고, 남동생은 죄책감 때문에 스스로 목숨을 끊었습니다. 충격을 받은 나는 도망치듯 미국으로 떠났지요.

미국에 와서도 고난은 계속됐습니다. 미국인 남편을 만났지만 시댁에서는 동양인 며느리를 받아들이지 못했지요. 한마디로 '냄새나는 아시안 여자는 받아들일 수 없다'며 노골적으로 싫어하는 표현을 했지요. 가정불화가 심해진 가운데 임신을 했고 남편에게 구타당해 아이를 유산했어요. 그 후 자궁암도 앓고, 식물인간의 위기도 겪으며 결국 이혼하고 말았지요. 그때만큼 내 인생에서 비참하고 거부당한 느낌을 강하게 받은 적은 없었어요. 차가운 시멘트 바닥에 혼자 내버려진 느낌, 온통 거부당했다는 생각으로 극심한 괴로움에 시달렸지요. 아마 신앙이 없었더라면 극단적인 선택을 했을지도 몰라요."

"그런 비참한 현실에서 어떻게 일어설 수 있으셨나요? 무슨 계기가 있었습니까."

"억울하고 한심해서 눈물밖에 나오지 않던 시기였어요. 샤워실에서 물을 틀어놓고 실컷 울기도 했어요. 고통을 벗어나 보려고 갖은 애를 썼지요. 하루는 성경을 펴서 읽고 있었습니다. 물 위를 걸어오시는 예수님을 보고 공포에 질린 제자들이 '유령이다'라며 소리를 지르는 장면이었어요.[6]

그런데 예수님께서 이렇게 말하셨죠. "용기를 가져라. 나다. 두려워 말아라Take courage! It is I. Don't be afraid." 이 구절이 내 가슴을 쳤어요. 온몸에 전율을 느낄 정도로요. 내 삶에서 풍랑을 겪을 때마다 찾아오는 수많은 유령들, 그들을 만날 때마다 겁먹

---

6) 마태복음 14장 21-29절(한글 개역개정).

지 말고 용기를 내라는 말씀으로 들렸어요. '내가 있다. 두려워 말아라.'

그 다음 구절에서 베드로는 이렇게 말합니다. '주여, 만일 주님이시거든 나를 명하사 물 위로 오라 하소서' 하니 예수님께서 '오라' 명하셨고, 베드로가 물 위를 걷게 됩니다. 비록 얼마 못 가 두려움을 느낀 베드로가 물 아래로 가라앉지만 예수님이 도와주셨어요. 그 '오라'는 말씀이 제게 큰 도전의식을 주셨지요. 물 위를 걷는 것처럼 도저히 불가능한 일을 해보라는 말씀을 들렸어요. 그 뒤 고비가 있을 때마다 '용기를 가지자, 두려워 말자'며 제 자신을 격려했지요."

절망의 구렁텅이에서 실낱같은 희망마저 놓친 인간은 초월적 존재를 찾게 된다. 신앙의 빛 아래서 비로소 생의 대한 의지가 생겨나는 경우를 주변에서도 곧잘 찾아볼 수 있다. 김태연 회장도 마찬가지였다. 죽음의 그림자가 드리워진 곳에서 그녀는 절대적인 신앙을 발견했다. 생각이 바뀌었고 마음이 열렸다. 신앙 안에서 그는 처음으로 거절 대신 용납을, 배척이 아닌 포용을, 억압이 아니라 안식을 발견하게 된 것이다. 샤워실에서 물을 틀어놓고 눈물을 흘렸던 절망 끝 여인은 잠자던 내면의 거인을 깨웠고, 자신의 운명을 바꾸는 사람이 되었다.

"최근 한국을 장기간 다녀오셨다고 들었습니다."

"3개월가량 있었어요. 미국에 이민 와서 한국을 방문한 것 중 가장 오랜 기간이었네요. 짧은 기간 오갈 때는 알지 못했던 것을 가까이서 알게 됐습니다. 우리 사회에 자살과 왕따 문화가 너무나 팽배한 것을 보고 놀랐어요. 한국이 OECD국가 중 자살률이 1위라고 들었습니다. 유명 연예인들이 잇달아 자살하고 이를 모방한 자살이 크게 늘고 있다는 말을 듣고 안타까운 마음이 들었습니다. 이 모든 게 마음이 건강하지 못해서 생겨난 일이죠. 이번만큼 한국인들의 의식을 깨워야겠다는 생각이 들었던 적은 없어요."

"김 회장님은 미국에서 약물, 게임, 폭력 중독에 빠져 있는 많은 청소년들을 변화시킨 일로 유명합니다."

"다니엘이라는 친구는 LA 코리아타운에서 살던 학생인데, 학교에서 폭력을 휘두르는 갱으로 유명했지요. 아무리 해도 아들을 폭력과 약물에서 떼어놓을 수 없던 다니엘 아버지가 나와 내가 운영하던 정수원 소문을 듣고 아들을 데리고 찾아왔습니다. 다니엘은 그렇게 태권도를 배우면서 몸과 마음을 가다듬기 시작했지요. 두 달이 지나자 몸에 중독되었던 약물이 점차 빠져나가기 시작했어요. 한 번은 산으로 수련을 하러 갔는데, 밤에 금단 현상 때문에 소리를 내지르며 고통스러워했습니다. 하지만 끝까지 격려하며 이겨내도록 도와줬지요. 지금은 심신이 건강한 젊은이로 태권도 시범단과 라이트하우스 세일즈 직원으로 맹활약하고 있어요. 아까 태권도 시범을 보였던 단원 모두가 마약이나 혼전 섹스, 폭력 중독으로 밑바닥까지 떨어졌다가 정수원에 와서 인생을 바꾼 친구들이에요."

"이런 변화의 중심에는 태권도가 큰 역할을 하고 있는 듯합니다."

"그렇습니다. 건강한 신체를 만들면 건강한 정신도 키울 수 있어요. 몸을 단련하면 마음에 변화가 옵니다. 나쁜 습관의 고리를 끊는 것이 중요한데, 그 계기가 운동입니다. 운동을 하게 되면 나쁜 습관 대신 좋은 습관을 심게 되지요. 나는 일곱 살 때 삼촌에게 태권도를 배운 뒤 계속 수련을 해왔어요. 태권도를 통해 단련한 심신이 인생의 가장 낮은 순간에도 나를 지탱해주는 힘이 됐어요. 미국 아이들에게 태권도를 가르쳤고, 그렇게 번 돈을 밑천으로 컴퓨터 산업 분야에 도전장을 내밀게 되었으니 내 운명을 바꾸는 데도 중대한 역할을 한 셈이죠."

컴퓨터 산업 분야에서 확고한 위치를 점하고 있는 그녀의 회사, 라이트하우스에 대해 물어볼 차례가 되었다.

"라이트하우스는 어떻게 창업하게 되셨나요."

"반도체를 다루는 첨단회사지만 본질은 청소입니다. 이민 초기 청소부로 일하면서 빌딩이나 집안 구석구석에 피어오르는 곰팡이 제거에 무척 어려움을 겪었지요. 저 곰팡이를 어떻게 없앨 수 있을까 해결책을 찾느라 애를 많이 썼어요. 아무런 지식도 없이 IT산업에 뛰어들어 진출분야를 정해야 할 때 곰팡이 생각이 났어요. 반도체 클린룸 모니터링이라는 것도 간단히 말해 청소를 잘하는 것이고 곰팡이가 안 생기도록 하는 것이라고 생각하니 자신감이 생겼어요. 1982년 라이트하우스를 창업하고 반도체 클린룸 모니터링 시스템 분야에 진출했지요. 현재 라이트하우스는 미세먼지 측정, 화학적 오염, 온도·습도·기압 등을 알려주는 최첨단 시스템을 기업에 제공하고 있는데, 세계 최고 수준의 기술력을 자랑하고 있습니다. 매년 수백 개의 IT 회사가 생기고 망한다는 실리콘밸리, 생존율이 불과 1%밖에 되지 않는다는 이곳에서 십여 년 동안 업계 1위를 지키고 있어요."

김태연 회장은 자신의 성공 원천으로 자녀들을 꼽는다. 그녀는 다양한 인종의 6남 3녀를 입양해 함께 살고 있다. 이들은 술과 마약 등으로 젊은 시절을 방황하며 보냈지만 지금은 엔지니어가 되어 함께 회사를 이끌고 있다. 라이트하우스는 월스트리트 저널 선정 100대 유망 기업, 미국인이 일하고 싶어 하는 기업 1위로 꼽힐 정도로 유명하다. 실리콘밸리가 벤처 위기로 무너져가던 때에도 성장을 거듭해 연매출 1,500억 원을 기록하며 동종 업계 1위의 성과를 달성했다. 김 회장은 기술에 대해서는 문외한이지만 본질을 꿰뚫는 안목으로 기술 엔지니어들을 이끄는 경영자로서 역할을 하고 있다.

"짧은 시간에 회사가 성장했는데 특별한 리더십이 있나요."
"할 수 있다는 자신감을 심어주고 유쾌하게 일할 수 있는 분위기를 만들어줍니다. 틀에 박힌 장소와 분위기에서 고객을 만나기보다는 고객이 흥미를 느낄만한 곳에서 미팅을 합니다. 회의실에서 시간을 맞춰 회의하기보다 이동하는 차 안에서, 야외 식당에서 아이디어를 논의하지요. 마케팅을 할 때도 응집력 있게 덤벼들어요. 환영 피켓을 들고 공항에 같이 나가 바이어를 감동시키기도 하죠. 의욕 있는 젊은이들이 마음껏 활동하도록 경영의 방향을 맞춰갑니다. 재능을 발휘할 수 있는 분위기를 마련해주는 것, 누구나 자신의 꿈을 실현할 수 있도록 만드는 것이 성장의 비결이라고 생각해요."

"지금은 세계를 다니며 김태연의 리더십을 전파하고 있는데요."

"나처럼 거절당해 어려움을 겪는 여성이나 무기력하게 패배를 맞고 있는 사람을 일깨워주는 것이 나의 사명 중의 하나입니다. 어디를 가나 나의 좌우명이자 슬로건 'He can do. She can do. Why not me?' 정신을 전파하고 있어요.

터키에 갔을 때입니다. 우리 일행을 데리고 무슬림 국가인 터키에 가서 자신을 사랑하는 방법과 하나님의 사랑을 알려주고 싶었어요. 그런데 급하게 정해진 터라 별다른 일정이 없었지요. 나는 가장 번화한 이스탄불 광장으로 걸어 나갔어요. 그러고는 목청껏 '아이 러브 터키 I love Turkey!'라고 수차례 외쳤어요. 핑크빛 옷을 입은 내가 외치니 광장에 있던 많은 사람들의 이목이 집중되더군요. 동양에서 온 여인이 '나는 터키를 사랑합니다'라고 외치고 있으니 무슨 일인가 싶었겠지요. 뒤이어 내가 데리고 온 태권도 시범단이 공연을 하자 사람들이 광장에 구름처럼 모였어요. 그리고 나는 그 자리에서 '누구나 할 수 있다'며 즉흥 연설을 했습니다. 무엇보다 히잡을 두른 터키 여성들이 감격해하는 모습을 보며 보람을 느꼈어요. '여자지만 나도 할 수 있다'는 생각을 전해줄 수 있었으니까요.

연설이 끝난 후 주변 의자에 앉아 있던 사람이 와서 명함을 내밀더군요. 국영 방송국에서 일하는 PD인데, 아까 광장에서 했던 말을 방송에 나와서 다시 해달라고요. 이런 일이 다른 나라를 갈 때도 자주 생깁니다."

나와 김태연 회장의 인연은 꽤 오래 전부터 시작됐다. 1990년대 말 한국에서 그의 성공신화가 소개될 때 나는 대학 졸업을 앞두고 있었다. 그의 도전 정신에 감동을 받은 나는 장문의 편지를 써서 보냈다. 그러고는 까맣게 잊고 있었는데, 크리스마스를 며칠 앞두고 빨간 산타 모자를 쓴 김태연 회장이 "He can do. She can do. Why not me?"라고 쓴 크리스마스카드를 보내왔다. 그때의 그 기분은 잊지 못할 것이다.

몇 년 뒤 미국 유학을 결심하고 미국 땅을 밟았을 때 가장 먼저 라이트하우스를 방문하고 싶었다. 캘리포니아에 도착한 지 일주일 만에 그레이하운드 버스를 타고 실리콘밸리로 갔다. 아쉽게도 김태연 회장은 출장 중이었고, 회사 바로 옆에 있는 태권도장 정수원에서 김 회장의 둘째 양아들 마이클 펠을 만났다. 그는 김태연 회장과 정수원 정신에 대해 자세한 이야기를 전해주었다.

그로부터 8년 뒤, 나는 LA중앙일보 기자로 근무하며 LA를 방문한 김 회장 일행을 만나 단독 인터뷰를 하게 됐다. 김 회장이 한국에 방문해 뜻 깊은 행사에 참석하고 난 후였다. 그녀가 1968년 단돈 200달러를 쥐고 미국으로 건너온 지 꼭 40년이 지난 2008년의 일이었다. 안상수 당시 인천시장의 초청으로 인천 월미도에 세워진 이민사 박물관에 해외 한인을 대표하여 첫 입장을 하게 된 것이다. 나는 특별한 추억을 쌓은 김 회장에게 축하 인사를 건네며, 예전에 내가 받았던 카드에 대해서도 이야기를 꺼냈다. 김 회장은 무척 놀라는 표정이었다. 그 뒤 특별한 일이 있을 때마다 비서를 통해 자신의 소식을 전해주었다. 이번에 힐튼 호텔에 초청을 받아 인터뷰를 하게 된 것도 그때 쌓은 관계 때문이었다. 어떤 인연은 우연히 만나기도 하지만 어떤 때는 적극적인 의지로 관계성을 키워나갈 수 있다.

먼 한국에 있던 젊은 시절의 나에게까지 카드를 보내주었던 김태연 회장. 그녀는 젊은이들에게 어떤 이야기를 들려주고 싶을지 궁금해졌다.

"젊은이들에게 나누고 싶은 삶의 철학을 알려주세요."

"'오늘이 생애 마지막 날이다'라는 생각으로 살아가세요. 남들은 어떤 사람을 만나거나 일을 할 때 '다음에 하지'라고 생각하지만 나는 항상 이번이 마지막이라고 다짐하고 만나요. 이번 인터뷰도 마찬가지입니다. 그러다 보니 최선을 다하게 돼요.

사람들을 만날 때면 짙은 화장과 화려한 옷, 현란한 헤어스타일 등 늘 최선을 다해 나를 가꾸는 이유도 그것에 있답니다. 사람을 만나거

" '오늘이 생애 마지막 날이다'라는 생각으로 살아가세요.

'난 오늘 최대한 잔치를 할 것이다.

왜냐하면 고민하고, 걱정하고, 슬픈 것이 세상엔 너무 꽉 차 있으니까.'

청년들은 젊다 보니 세월이 많이 남아 있다고 착각하는 경우가 많아요.

하루하루 최선을 다해 사는 법을 배워야 합니다."

"Live like today is your last day.

Make today the biggest party day of your life.

Why? Because there is too much anguish and unhappiness in the world as it is.

So often, the young people of today mistakenly believe

they have all the time in the world left on their hands.

We have to learn to live each day giving it our very best."

나 강연이 있을 경우 차 안에서 이런 생각을 하며 갑니다. '난 오늘 최대한 잔치를 할 것이다. 왜냐하면 고민하고, 걱정하고, 슬픈 것이 세상엔 너무 꽉 차 있으니까.' 그래서 나는 오늘을 축제라고 생각하고 즐겨요. 청년들은 젊다 보니 세월이 많이 남아 있다고 착각하는 경우가 많아요. 하루하루 최선을 다해 사는 법을 배워야 합니다."

김 회장의 이야기에 빠져 있다 보니 어느새 인터뷰 시간이 다 되었다. 그녀에게 마지막으로 사람들에게 당부하고 싶은 이야기가 있다면 들려달라고 요청했다.

"어떤 거절에도 굴복해서는 안 됩니다. 내가 포기하지 않는 한 실패는 나를 굴복시킬 수 없어요. 내 슬로건을 기억해주세요. '남들이 한다면 나도 할 수 있다'는 생각을 가시세요. 'Me too' 인생을 살지 마세요. 남 인생을 부러워하고 흉내 내다 마감하는 그런 삶은 사는 재미가 별로 없겠지요. 누군가의 도움으로 적당히 묻어가기보다는 남에게 도움을 주는 적극적인 마음으로 살아가세요.

또한 자신의 비전과 목표에 대해 남에게 귀를 내주지 마세요. 내가 사업을 벌일 때마다 주변 사람들은 '네가 무엇을 안다고 그 일을 시작하느냐', '고생을 사서 하다 망할 것이다'라는 말을 수없이 들었어요. 하지만 내가 세운 목표에 집중하다 보니 이겨낼 수 있었습니다. 집을 나설 때 어디로 가야 할지 머릿속에 그리고 있듯이, 자신만의 목표를 늘 머릿속에 그리고 이를 30초 안에 말할 수 있어야 해요.

꿈에서조차 말할 수 있는 확실한 목표가 성공과 성취를 일궈내는 마법이 주문입니다. '꿈을 위한 욕심은 마음껏 부려라.' 이게 제 마지막 당부입니다."

정월 초하루 태어나 집안에서 거부당한 여인이 이제는 미국에서 이혼과 마약, 알코올중독, 갱 등으로 곤경에 처한 사람들에게 도움을 건네는 저명인사가 됐다. 삶에 어떤 문제가 생겼다면 둘 중 하나다. 문제들이 당신을 굴복시키든지, 당신이 그 문제를 굴복시키든지. 기억해야 할 것은 두려워 말고 용기를 가져야 한다는 것이다. 의심스런 목소리가 속삭이거든 이렇게 소리쳐 보라. "He can do. She can do. Why not me?" 당신 주변을 어슬렁거리던 낙심과 패배의 유령들이 물러갈 것이다.

세계 정상에 오른 구루들을 만나고 올 때마다 나는 많은 깨달음을 얻었다. 그런데 한시적이었다. 그 당시에는 모든 것을 깨달은 것 같았지만 생활에서 변화를 찾아보기가 어려웠다. 적잖은 실망감이 몰려왔다. 그런데 생각해보니 당연한 일이었다. 가령 세계 최고의 몸짱을 만났다고 치자. 그로부터 좋은 몸매를 만드는 최고의 조언을 듣고 운동을 하겠다는 강한 동기가 생겼다. 마음은 끓어오르는 듯 뜨겁지만 구체적인 목표를 세우고 실천을 하지 않는다. 몸에도 아무런 변화도 없다. 생각은 시작이지만 생각만으로는 아무것도 일어나지 않는다.

자기계발서를 읽고도 변화가 없는 것은 바로 이 때문이다 '이그나이터' 데이비드 김이 말했듯 행동 없이는 불을 붙일 수 없다. 직접 스스로 해보고 실패하고 체득하는 단계를 반드시 거쳐야 한다.

피트니트 센터에 등록하거나 주변 공원을 며칠 달려보면 안 쓰던 근육이 아파오고 운동하기가 귀찮고 싫어진다. 그때 또 다른 동기부여와 계획을 통해 조금씩 극복해나간다. 실패를 하더라도 계속 반복하면 성공에 가까워진다. 이렇게 자신의 몸으로 얻은 지식만이 살아 있는 지식이다.

가만히 앉아 구루들이 내게 준 메시지를 곰곰이 생각하며 적어보았다. 그들의 것을 내 것으로 만드는 체득의 단계가 필요했다. 적어내려가다 보니 몇 가지 공통점이 있다는 사실을 발견하게 됐다.

첫째, 생각의 차원이 달랐다. 그들은 생각의 힘을 '아주' 중요히 여겼다. 보통 사람들과 다른 차원의 사고방식을 갖고 있었다. 아이디어 하나가 얼마나 많은 재화를 창출할지 그 가능성에 대해 누구보다 민감하게 반응했다. 이를 현실에서 적용하는 데 두려움이 없었고 이런 도전을 통해 열매를 누리고 있었다.

둘째, 가치의 힘을 알고 있었다. 스스로를 가치 있는 존재로 여겼고, 자신이 세운 가치를 따라 살면서 엄청난 가치를 발생시켰다.

셋째, 주는 것Giving의 위력을 알았다. 받는 것보다 주는 것이 얼마나 많은 보상을 가져오는지 깨닫고 실천하는 삶을 살았다. 자신의 재능을 세상을 향해 아낌없이 던졌다. 소유하기보다 나눠줌으로써 얻게 된 '역설의 진리'를 이미 경험하고 있었다.

넷째, 탁월한 성품의 소유자였다. 자아실현에 그치지 않고 더 나은 목표를 향해 살려고 노력하면서 얻은 훈장 같은 증표였다. 관대함과 성실함, 배려심은 그들의 언행에서 묻어났다. 돈과 명예와 권력에 의지하기보다는 인간적인 매력을 발산했다.

다섯째, 행동으로 옮겨 성과라는 보상을 얻었다. 이를 습관화하면서 긍정적인 행동을 강화했다. 생각과 행동의 연관성을 누구보다 잘 알고 있었다.

구루들은 생각의 힘을 정말로 중요하게 여겼다. 아이디어의 힘을 믿었고 하나의 좋은 생각, 좋은 세미나, 좋은 만남이 얼마나 의미심장한 결과를 가져오는지 알고 있었다. 이들은 생각의 힘을 믿는 정도에서 그치지 않았다. 이를 행동으로 옮기며 매일매일 풍성하게 살아가고 있었다.

생각해보라. 집과 회사, 예금잔고 등 갖고 싶은 모든 것을 소유하고 이미 누리고 있다면 어떤 느낌일까. 원하는 날에 휴식과 여행을 즐길 수 있고, 하고 싶은 모든 일을 할 수 있는 능력을 갖추고 있다면 어떤 기분일지 상상해보라. 그렇다. 그들은 하루를 소위 말하는 '업Up'된 상태로 살아가고 있다. 활기차고 자신감 있고 따뜻하게. 그렇다 보니 인간관계도 풍성했다. 내가 누리는 이 좋은 것을 남에게도 누리게 해주자는 생각이 자신이 맺고 있는 인간관계에 반영됐다. 넉넉하다 보니 남에 대한 배려 기준도 훨씬 높아진 것이다. 그들을 만날 때마다 만나는 사람조차 활기차고 생동감 있는 에너지의 흐름을 느낀 것도 이 때문이었다.

하지만 가난한 사람은 생각 자체가 가난을 불렀다. 빈곤의 굴레는 빈곤한 생각에서 비롯되었다.

"내가 뭘 할 수 있겠어."

"나도 지금 힘든데 남을 생각하라고?"

"그 친구는 집안이 좋아서 그런 거지."

"내가 해봤자 되겠어."

이런 생각은 부정적인 태도를 낳고 실행단계에서 에너지가 고갈되거나 극히 약한 에너지로 전환되었다. 또한 그 열매로 부정적인 결과를 얻게 된다는 사실을 알 수가 있었다. 가난에는 중력이 있다. 가난할수록 인생의 무게에 짓눌린다. 그래서 욕심을 내려놓은 참된 부는 인생의 짐을 덜어준다. 진정한 부를 경험하고 승리하려면 남을 이기는 경쟁이 아니라 어제의 나보다 나은 내가 되기 위해 경쟁해야 한다.

어느 날 시카고에서 강연을 마치고 돌아온 데이비드 김 회장을 만난 적이 있다. 그는 45분을 강의하고 5만 달러(약 6,000만 원)를 받았다며 골치 아픈 회사 CEO보다 강연가가 더 괜찮은 직업이라며 농담을 했다. 그러면서 한마디 던졌다.

"당신의 가치가 속도를 결정해요Your values determine your velocity."

그때 문득 사람들이 겪고 있는 문제의 실마리가 '가치'와 관련되어 있다는 생각이 들었다. 집으로 돌아온 뒤에도 혼자 계속 가치에 대해 생각했다. 세계 최고의 멘토들과 나눴던 인터뷰 내용이 담긴 취재 수첩과 그들의 저서를 차례로 읽어보며 가치란 단어가 들어간 부분에 밑줄을 쳤다.

브라이언 트레이시는 이렇게 말했다. "위대한 삶을 창조하는 과정에서 스스로 책임지고 꼭 해야 할 일은 모든 일에서 가치관을 최대한 명료하게 정립하는 것이다." 켄 블랜차드는 이렇게 말했다. "오늘날 이 세상에서 가장 행복한 사람은 자신의 가치관과 조화를 이루며 살아가는 이들이다." 하워드 슐츠는 "내가 창조하려는 가치는 돈이 아니었다. 사람들이 만나면서 오는 행복과 즐거움을 주려는 것이었다. 기업이 단지 이윤만 추구하지 않고 진정한 가치를 목표삼아 경영될 때 열정과 개성을 잃지 않고 성장할 수 있다"고 말했다.

과연 가치는 그들의 비즈니스, 사상의 근간이었다. 정상에 올라선 세계 최고의 구루들은 가치의 힘을 알고 있었다. 스스로를 가치 있는 존재로 생각하고, 자신이 세운 가치를 따라 살면서 엄청난 가치를 발생시켰다. 그들이 사용하는 시간과 인간관계, 사회적 공헌을 모두 가치 있게 생각한 결과였다.

'아, 그 사람이 생각하는 가치에서 가치가 창출되는구나.'

먼저 자신의 존재를 가치 있게 여기고, 자신이 원하는 가치를 선택한다면 무한한 가치를 창출할 수 있겠다는 생각이 들었다. 후자의 가치는 실제 값어치가 있는 물질이나 돈, 소유, 명성 등을 모든 것을 포함한다. 생각하는 가치관이 풍성한 인생으로 가는 키를 쥐고 있었다. 엄청난 전율을 느꼈다. 즉 자신이 생각하는 가치관Value이 가치 있는 Valuable 것을 창조하는 무한한 힘을 가지고 있는 것이다.

그렇다면 왜 많은 사람들이 열심히 노력하는데 실패하는 것인가. 그것은 지금까지 살아오면서 스스로에게 낮은 가치를 두었거나 무가치하게 여겨왔기 때문이다. 가치가 없는 것에는 관심을 가지거나 공을 들이지 않듯 스스로를 무가치하다고 느끼는 자기인식은 자기애를 부정하고 파괴한다. 자존감은 적절한 판단을 내리고 인간관계를 지탱해 주는 바탕이 된다. 이것이 결핍되면 끊임없이 외부로부터 자기 가치를 인정받기 위해 노력한다. 무게 중심이 내부가 아닌 외부에 있다 보니 조그만 인정과 비판, 평가에도 흔들리게 된다. 자신의 가치 발견은 이런 잘못된 무게 중심을 나 중심으로 이동시키는 역할을 한다.

가치는 인간관계에도 막대한 영향을 미친다. 자신을 무가치하게 여기는 사람은 자신을 좋아하지 못한다. 자신이 보내는 시간을 가치 있게 여기지 못한다. 자신이 만나는 사람에 대해서도 그렇다. 인간관계의 질이 좋지 못하다. 그러다 보니 어떤 일을 할 때 필요한 자신감, 굳건한 인적 네트워크가 부족하고, 그러면 일을 성공적으로 성사시키기 어렵다. 여기까지 생각이 미치자 내 가슴은 오랜만에 뜨거운 무엇이 타오르는 느낌이었다. '그동안 대가들을 만나 확인받은 이유가 이

것이었구나.' 지금까지의 삶이 이 깨달음을 위한 긴 여행임을 깨닫게 되었다.

　다시 브라이언 트레이시의 조언을 찾아보았다.

　"당신 자신을 아주 소중히 여겨야 합니다. 자존감은 중요합니다. 스스로 치어리더가 되세요."

　자신이 좋아하는 것을 스스로 인정해주라는 것이었다. 남들의 의견에 구애받지 말고, 내가 하고 싶은 것을 지지하는 것이 필요하다는 것이었다. 나, 존재 자체가 바뀌지 않아도 그 자체로 고유한 특성을 가진 온전한 사람이라는 인식이었다. 자신의 가치를 스스로 인정하는 것은 빈 독에 난 구멍을 메우는 것과 비슷하다. 그 구멍을 메우지 않으면 아무리 많은 물을 붓더라도 아무것도 남지 않는다.

　고대 중국에 숨어 있는 훌륭한 인재를 중용할 때 임금이나 장수가 했던 일은 그들이 가진 가치를 발견해주는 일이었다. 예수가 갈릴리에서 고기를 잡던 어부들에게 "내가 너희를 사람 낚는 어부가 되게 하리라"고 제자로 부른 것은 그들의 가치를 재발견해준 것이다.

　자신의 존재를 중요하게 여기기 시작했다면 그 다음에는 진정한 변화를 가지고 올 자신의 지배적인 가치를 선정하는 작업이 필요하다. 가치는 목적 가치와 도구적 가치로 나뉘어 있다. '돈을 버는 것'은 도구적 가치이고 '가난한 사람을 돕고 싶다'는 것은 목적 가치다. 도구 가치 자체로 힘이 있으나 목적 가치에 종속되지 않으면 타락할 가능성이 크다. 성공 자체에 가치를 두고 열심히 일해 그것을 이뤘으나 내적인 충족감을 얻지 못하는 이유는 더 상위의 목적 가치가 없기 때문이다.

그렇다면 가치와 가난과는 무슨 관계가 있는 것일까. 경제적으로 성공으로 이룬 사람들은 검약, 검소를 자신의 주요한 가치로 둔다. 이런 가치관은 버는 것보다 적게 쓰는 습관을 갖게 돼 필연적으로 부자가 될 수밖에 없게 이끈다.

지속적인 가난은 부정적인 에너지가 모여서 생긴 것이다. 우선 돈에 대해 부정적인 가치를 갖고 있을 가능성이 많다. "그 돈 벌어서 뭐해요." "난 부자들이 싫어요." 이런 말 뒤에는 돈에 대해 별다른 가치를 부여하지 않는 생각이 담겨 있다. 돈을 벌었다 해도 절제란 지배 가치가 없다면 금방 돈을 써버릴 것이고, 부자라 해도 지나친 인색함으로 친척이나 친구들과 교류가 없는 정서적인 가난을 겪고 있다면 그에게는 나눔이란 가치가 없는 것이다.

몸을 몹시 혹사하며 일을 하고 있는 사람은 건강에 가치를 두지 않고 있다. 과로로 쓰러져 병원에 실려 간 다음에야 건강이 얼마나 중요한지 알게 되고 건강을 중요한 가치로 받아들일 것이다. 그 결과 운동을 하고 음식 조절을 하고 담배나 과도한 음주를 피하는 것이다.

가치를 매기는 주체는 바로 자기자신이다. 가치는 남이 정하기 전에 자신의 내면에서 정해진다. 대졸 사원에게 고졸 임금을 줘보라. 대부분 반발하거나 받아들이지 않을 것이다. 자신의 가치가 그보다 훨씬 높다고 생각하기 때문이다. 반대의 경우도 가능하다. 고졸이지만 업무가 능숙해 대졸자 월급 이상을 받는다면 그 직원은 이미 가치를 창출하고 있는 것이다. 그런데 매번 새로운 가치를 창출해야 돈을 버는 사업가들에 비해 직장인들은 자신의 노동 가치를 낮게 생각하는 경향이 높다. 성과에 비례해서 즉각적인 보상이 주어지지 않기 때문에 매달 받는 월급에 자신의 미래 가치까지 묶어두는 경우가 많다. 자신의 시간당 가치가 얼마인지, 회사에서 얼마의 가치를 받을 수 있는지 스스로 물어야 한다.

성공의 핵심이 되는 목표 설정도 가치관과 일치될 때 비로소 작동하기 시작한다. 가치관이 빠진 목표는 단기적으로 성공할지 모르지만 장기전에서 통하지 않는다. 벤자민 프랭클린의 13가지 덕목은 사실은 지배 가치에 대한 것이다. 절제와 규율, 근면, 성실, 정의, 겸손 등 13가지 원칙은 사람이 어떤 가치를 택하느냐에 따라 어떤 결과를 얻을 수 있는지 그 실례를 너무나도 잘 알려준다. 지배 가치가 가진 힘은 측정할 수 없을 정도로 크다. 왜냐면 돈이나 명성마저 무력화시키는 힘을 갖고 있기 때문이다.

예를 들어 당신의 지배적인 가치가 돈이 아니라 봉사라면, 돈은 더 이상 힘을 발휘하지 못한다. 돈을 많이 벌어도 좋은 집이나 차를 사기보다 다른 행동 양식을 추구할 가능성이 크다. 남부러울 것 없이 성공한 의사들이 다 내려놓고 척박한 곳으로 의료 봉사를 떠나는 경우를 종종 볼 수 있는데, 자신이 믿고 있는 가치가 삶에 직접적인 영향을 미친 것이다.

기업도 마찬가지다. 경영진들이 기업의 가치관을 세워서 경영할 때 그 기업이 더욱 성장할 수 있다. 한국 CEO들을 상대로 '가치관 경영'을 전파하고 있는 전성철 세계경영연구원(IGM) 회장을 LA에서 만나 얘기를 나눌 기회가 있었다. 그분의 지론은 나의 확신을 뒷받침해주었다.

"그 기업이 생각하는 가치가 돈을 벌어다주는 것이 놀랍지 않으세요. 가치관 경영은 어떤 경영 전략이나 이노베이션보다 강력합니다. 기업의 전략이나 기술은 베낄 수 있지만 고유한 기업의 가치관을 베낄 수 없기 때문입니다."

이 말을 마지막 결론으로 독자에게 드리고 싶다. 당신이야말로 가치가 있다. 누가 뭐래도 진실이다. 당신을 무가치하게 만드는 어떤 시도도 거부하라. 심지어 당신의 부모나 아내, 형제자매, 직장 상사, 종교 지도자라 할지라도. 당신에게 숨어 있는 가치를 드러내기를 아끼지 말라. 당신이 찾은 그 가치에 맞는 삶을 살기로 결심할 때 모든 문이 열린다. 그 가치는 당신의 값어치를 높여주어 당신이 꿈꾸는 인생을 살아갈 수 있게 할 것이다.

"극히 값진 진주 하나를 발견하매 가서 자기의 소유를 다 팔아 그 진주를 사느니라Who, When he had found one pearl of great price, went and sold all that he had, and bought it." 7)

---

7) 마태복음 13장 46절(한글 개역개정, 영어 KJV 번역).

◆

하나, 나는 엄청난 고성능 컴퓨터다.

내 두뇌는 모든 것을 이뤄낼 수 있는 생각의 힘을 갖고 있다. 180억 개의 뇌세포는 상상력의 원천이 된다. 내 심장은 하루에 약 10만 번씩 박동하며 혈액이 돌도록 펌프질을 해준다. 내게는 완벽한 운영체계가 깔려 있다. 나는 부족하지 않다. 부족하다고 느끼는 그 부족한 생각이 내 속에 있는 우수함, 열정, 창의력을 억누르고 있다. 그 부족한 생각을 이제 버리려 한다. 그렇게 하는 순간 내 속에 있는 엄청난 에너지가 분출하는 것을 느끼게 될 것이다.

나는 우주를 항해하는 항로를 만들 수도 있고, 사람을 아름답게 표현하는 그래픽 프로그램을 운영할 수도 있다. 그러나 똑같은 사양의 컴퓨터를 단지 타이핑이나 하고 단순 계산을 하는 용도로 쓰고 있는 사람을 많이 본다. 하지만 나는 고성능 컴퓨터다. 나는 단지 나를 단순한 기계로만 사용하지 않을 것이다.

내게 필요한 것은 각종 응용 프로그램이다. 필요한 것은 설치해서 배우면 된다. 나는 업그레이드에 겸손하게 반응할 것이다. 시대에 뒤떨어지고 내 재능을 갉아먹고 불필요한 에너지를 쓰게 하는 옛날 프로그램은 '삭제 버튼'을 눌러 없앨 것이다. 나는 어떤 프로그램도 깔아서 사용할 만큼 넉넉한 저장 용량과 메모리를 가지고 있다는 것을 잊지 않고 있다. 두려움과 불안을 낳는 바이러스가 들어온다면 문제를 만나도 포기하지 않는 마음의 근육을 만들어 이를 제거하는 백신을 사용해 없앨 것이다.

내가 원하는 삶의 이미지를 바탕화면에 깔아놓을 것이다. 내 삶에 유용한 아이콘들도 깔아놓을 것이다. 아름다운 음악을 들으며 멋진 추억의 동영상을 보면서 내 삶을 풍부하게 만들 것이다. 나는 안다. 어떤 문제도 전기 신호에 불과하다는 것을. 최악의 경우라도 나는 재부팅할 수 있다. 전원 버튼을 다시 누르는 그 순간 새로운 시작이 열린다.

◆

　둘, 나는 살아 펄떡이는 연어다.

　나는 넓은 바다를 마음껏 헤엄쳐 다닐 수 있다. 나에게는 원하는 곳을 향해 헤엄쳐 갈 수 있는 힘이 있다. 마음만 먹으면 언제든 가능한 일이다. 때에 맞춰 흐르는 조류의 도움을 받았지만 거세게 몰아치는 역류라도 상관없다. 나의 지느러미와 꼬리의 힘은 충분히 강하다. 이제는 주는 먹이에 안주하며 세상의 모든 바다가 좁은 수족관이라 생각하는 삶은 영원히 안녕이다.

　푸르른 가능성이 널려 있는 망망한 대해에는 경쟁이 없다. 서로 먹이를 차지하려는 아귀 다툼은 없다. 모든 것이 풍요로운 그곳에서 우리는 평화롭게 공존한다. 여유롭게 헤엄치며 살아있는 매 순간을 만끽한다.

　친구들과 함께한 흥분이 가득했던 모험이 끝나면 나는 강으로 돌아갈 것이다. 물살을 헤치고 쏟아지는 물줄기를 뚫고 올라간다. 솟구쳐 조금씩 올라가는 동안 내게서 생명의 에너지가 발산된다. 나는 강물의 흐름에 휩쓸려 내려가는 죽은 물고기가 아니다. 개성 없이 타인의 인정에 기대어 사는 병든 물고기도 아니다.

나는 가야 할 곳을 안다. 그 뚜렷한 목적이 나를 가슴 뛰게 만든다. 단단한 바위에 떨어져 몸이 부서질 것 같은 고통도, 호시탐탐 낚아챌 곰의 날카로운 발톱도 무섭지 않다. 나는 한계라는 물살을 거슬러 앞으로 나아간다. 지금의 시련이 언젠가 내 후손들을 자유를 만끽할 수 있는 푸르른 바다의 세계로 인도할 것이라는 것을 알기 때문이다.

나는 가진 모든 것을 풀어놓고 장엄한 죽음을 맞을 것이다. 그때 또 다른 가능성의 세상이 도래할 것이다. 눈에 보이지 않는 조그만 씨를 통해. 이 시간이 지나면 또 다른 생명들이 이 물살을 뚫고 오게 될 것이다. 바다는 용기와 도전으로 무장한 새로운 연어들을 맞이하게 될 것이다.

세계 최고가 된다는 것은 하나의 정신에서 출발한다. 최고가 된다는 것은 우월한 엘리트 의식을 가리키는 것이 아니다. 하나의 생각, 하나의 행동, 하나의 만남의 끝이 추구하는 목표를 향해 낭비 없이 연결되어 있다. 보통 사람들이 한두 가지도 성취하기 힘든 일을 그들은 수월하게 많이 성취할 수 있는 이유다. 브라이언 트레이시는 흘려 쓴 메모조차도 베스트셀러의 아이디어가 된다. 조엘 로부숑이 손만 대도 평범한 요리가 비범한 요리로 바뀐다.

최고가 되는 것은 '조금 더' 하는 정신에서 만들어진다. 야구 경기에 100번 등판해서 안타나 홈런을 27번 친다면 중급 타자가 된다. 만일 32번을 친다면 그해 리그에서 최고 타자로 각광을 받는다. 불과 5번을 치고 안쳤느냐의 차이가 최고 선수와 중급 선수의 차이를 만들어낸다.

직장에서 고전하는 세일즈맨과 유능한 세일즈맨의 차이는 단지 매주 세 번 더 전화하거나 손님들의 기분을 두 번 더 알아차리거나, 대화 중 적절한 순간에 한 번 더 핵심을 짚어주는 데 있다. 이류에서 일류로 넘어가는 데 필요한 전부는 조금 더 깊게 아는 것이다.

최고가 되면 자유로운 몸이 된다. 돈에서 해방되고 명예에 흔들리지 않게 되며 나의 말과 몸짓에서 수많은 긍정의 파장이 만들어진다. 참다운 부는 인생의 짐을 덜게 하고 인생을 누리게 만들어준다. 그러기 위해서는 목표가 필요하다. 목표가 없으면 방황하고 흔들리며 아무것도 할 수 없다. 과거에 이룬 것들은 공허해 보이고, 미래는 불확실해 보이며, 현재는 혼란스럽다. 그러나 목표가 있으면 이 모든 것이 제자리를 잡는다.

내가 원하는 분야의 전문가를 만나보라. 가능한 최고의 전문가를 만나라. 만나주지 않더라도 계속 문을 두드려라. 나의 열정이 그 사람을 감동시키는 순간 강력한 후원자를 얻게 된다. 그렇게 만나다 보면 시야가 트이고, 사고의 수준이 달라지며 새로운 네트워크를 알 수 있게 된다. 어떻게 그렇게 독보적인 위치에 오르게 되었는지 배울 수 있으며, 수많은 문제를 해결해온 솔루션을 알게 된다. 진실로 원해서 만난다면 서로의 영혼 사이에 불꽃이 튄다. 가능하면 지속적으로 만나야 한다. 한 번의 만남으로 모든 것을 얻을 수 없기 때문이다. 지속적으로 만나면 가랑비에 옷 젖는 것처럼 점차 자연스러워진다.

또한 해보아야 한다. 영화감독이 되고 싶으면 촬영 현장을 직접 가보고 펀드매니저가 꿈이라면 증권사로 직접 가보라. 미국에 유학을 가고 싶으면 정말 가보라. 가서 부딪치다 보면 답이 나온다. 리포터가 되고 싶은데 뽑아주는 방송국이 없는가. 카메라와 마이크를 들고 원하는 뉴스 현장으로 가서 직접 찍어보면 된다. 편집도 직접 해보고 에피소드로 만들어 보내보라. 수백대 일의 치열한 경쟁률 속에서 쏟아지는 엇비슷한 이력서보다 훨씬 눈에 띌 것이다. 국제 비영리 단체에서 일하고 싶다면 채용공고가 날 때까지 기다리지 마라. 배낭을 메고 직접 개인적으로 구호 현장에 가보라. 그곳에서 현장 책임자를 만나 단기봉사라도 해보라. 과연 자신의 적성과 맞는지 아닌지를 판별하게 된다.

삶의 목표는 길을 잃지 않도록 빛을 밝혀주는 안내자다. 거센 풍랑 속에서도 길잡이가 되어주는 북극성처럼 우리를 바로 이끄는 것이 목표다.

아우슈비츠 수용소에서 극적으로 살아난 빅터 프랭클 박사는 자유를 찾은 심정을 이렇게 묘사했다.

'자유를 찾은 지 며칠이 지난 어느 날, 나는 수용소 근처에 있는 시장으로 가기 위해 꽃들이 만발한 들판을 지나 시골길을 걸었다. 종달새가 하늘로 날아올랐고, 새들의 노랫소리가 들렸다. 주변 몇 마일 안에 사람 하나 보이지 않았다. 드넓은 대지와 하늘, 종달새의 환호 그리고 자유로운 공간만이 그곳에 있었다. 나는 멈춰 서서 주변을 돌아보고, 하늘을 올려다보았다. 그런 다음 무릎을 꿇었다…….

"저는 제 비좁은 감방에서 주님을 불렀나이다. 그런데 주님은 이렇게 자유로운 공간에서 저에게 응답하셨나이다."

그때 얼마나 오랫동안 무릎을 꿇고 앉아서 이 말을 되풀이했는지 더 이상 기억나지 않는다. 그러나 나는 알고 있었다. 바로 그날, 바로 그 순간부터 새 삶이 시작되었다는 것을. 나는 다시 인간이 되기 위해 한 걸음 한걸음 앞으로 걸어나갔다.'[8]

프랭크 박사는 극한의 현실 속에서 인간의 이중성을 생생히 보았다. 아우슈비츠의 가스실을 만든 존재도 인간이지만 의연하게 가스실로 가면서 주기도문을 외울 수 있는 존재도 인간이다. 힘이라고는 아무 것도 없는 포로들에게도 자신의 내면을 지킬 수 있는 자유를 선택할 수 있는 힘이 있었다.

오늘날 자유세계를 살아가는 우리를 아무도 이유 없이 잡아가서 고문하거나 학대하지 않는다. 그러나 더 놀랍고 무서운 것은 많은 사람들이 스스로 갇히고 있다는 사실이다. 자신의 가능성과 재능을 감추어 두고 피해의식에 휩싸여 세상과 단절되고 고립되어 있다. 심지어 자신을 고문하고 학대하기까지 한다. 유일한 해결책은 그 감방의 문을 열고 나오는 것이다. 그 키는 이미 당신의 손에 쥐어져 있다. 단지 문을

---

8) 《죽음의 수용소에서》, 빅터 프랭클, 청아출판사, p156.

열고 나오기만 하면 눈부신 자연과 아름다운 세계가 펼쳐져 있다. 당신이 행복해지는 길은 바로 자기 자신이 되는 데 있다. 자신이 아닌 누군가가 되기에, 누군가처럼 보이기 위해 살아가기에 우리의 인생은 너무 짧다.

철학자 스피노자Baruch de Spinoza는 "우리 자신이 되는 것, 우리가 할 수 있는 일을 하는 것, 이것이 삶의 유일한 목표다"라고 말했다. 저명한 심리학자 칼 융Carl Gustav Jung도 "자기 자신의 존재 법칙에 충실한 것이야말로 인생에서 가장 용기 있는 행동이다"라고 말했다.

그 가치를 지키려면 유일한 원본이 되는 수밖에 없다. 우리 자신이 완전히 펼쳐질 때만이 우리의 재능이 최고로 발휘될 수 있다. 어려운 현실 속에서 절망의 에너지 바이러스가 되기보다 자신의 치어리더가 되자. 열정과 액션을 통해 한 방 대신 한발 한발 목표를 향해 다가서 보자. 가장 좋아하는 것을 찾아 고통이 아닌 즐거움으로 일하면서 자신이 가진 것을 폭발시켜보자. 나와 다른 이를 위한 따뜻한 성공을 목표로.

"당신이 진정으로 원하는 바가 무엇인지 깨달아라. 그때부터 당신은 나비를 쫓아다니는 일을 그만두고 금을 캐러 다니기 시작할 것이다."

— 윌리엄 몰턴 마스든William Moulton Marston, 미국 심리학자, 작가

살면서 곳곳마다 점을 찍어간다. 그 점이 연결되면 선이 되고, 그 선이 연결되면 모양이 만들어진다. 살아온 삶의 모양. 내 인생이 세대로 꼴을 갖추고 가치를 갖기까지는 여러 사람의 도움이 컸다.

낯선 외국 유학생을 믿고 전적인 후원과 사랑을 아끼지 않은 댄과 샌디, 캐시 맥과이어, 남편의 무모한 도전을 믿고 기도로 도와준 아내 세진, 인생의 중요한 길목에서 현명한 선택을 할 수 있도록 도와준 '영원한 멘토' 상홍 형님이 없었다면 이 책은 나오지 못했을 것이다.

고교 시절 신앙생활을 인도해줬던 황순련 누님과 정원, 호원 등 셀라 형제들, 학문에 눈을 뜨게 해주신 이상훈 교수님과 정중호 교수님, 삶의 도전을 만날 때마다 힘이 되어준 든든한 평생지기 조광민, 임창진, 김세중 목사에게 감사를 드린다.

미국에서 기자생활을 할 수 있도록 문을 열어주신 고계홍 미주 중앙일보 사장님, 초년병 기자시절 지도를 아끼지 않으셨던 김성찬, 이종훈, 양승현 국장님, 치열한 글쓰기를 가르쳐주신 이원영, 김완신, 김창엽, 김석하 선배, 편집의 신세계로 초대해주신 성상경 선배, 신문사에서 출판이 가능하도록 지원해주셨던 배종육 이사님과 오랜 시간을 같이 했던 편집국 동료 선후배 기자들에게 감사의 뜻을 전한다. 한국을 방문할 때마다 늘 귀한 조언과 통찰력을 주신 한국리더십센터의 김경섭 회장님과 세계경영연구원IGM 전성철 회장님, MSC브레인컨설팅 안진훈 박사님 덕분에 부족한 저자가 더 나은 생각을 품게 되었다. 잘했을 때에는 분에 넘치는 칭찬을, 그렇지 않으면 서릿발 같은 질책으로 기자를 일깨워준 수많은 독자들에게 고마움을 전한다.

오래전부터 '좋은 저자가 될 거라 믿네'라며 믿음의 씨앗을 심어준 베스트셀러 저자이자 새생명비전교회를 담임하시는 강준민 목사님의 사랑과 실질적인 조언은 몇 권의 책을 출간하는 원동력이 되었다. 호주 유학생 출신으로 미국에 와서 2세 교육에 헌신하신 김기섭 목사님과 정재환 순장님이 섬기는 LA사랑의 교회에서 신앙생활을 할 수 있음은 축복이었다.

'액션테이커'로서 성공적인 인생의 모범을 보여주신 장정현 유니뱅크 이사장님, 무한한 신념의 비밀을 알려주신 김동환 전 코린도 그룹 부회장님, 이 책이 출판되도록 '불꽃'을 일으켜준 데이비드 김 CEO,

안목의 중요성을 일깨워주신 스티브 임 비바비나 회장님은 부족한 내가 한 단계 더 뛰어오를 수 있는 지혜와 용기를 주셨다. 늘 가까이서 좋은 생각을 나눠온 오스틴, 앤드류, 현진 형님의 변함없는 우정에 감사한다.

부족한 원고가 좋은 책으로 출간될 수 있도록 아낌없이 조언해주시고 열의를 다해주신 쌤앤파커스 정현미 팀장과 이혜진 에디터, 김범수 대리에게 고마움을 전한다.

끝으로 엄청난 내공을 지녔지만 따뜻한 인품이 더 빛나 보였던 브라이언 트레이시, 워렌 베니스, 켄 블랜차드 등 12명의 세계 최고의 구루들에게 진심으로 머리 숙여 감사를 드린다.

Special thanks to… ─────────────────────────
이 책에 실린 사진에 대하여

다섯 번째 만남 '다우 김' 편의 가족사진, 열 번째 만남 '스티브 정' 편의 모든 사진, 열한 번째 만남 '개리 러브맨' 편의 모든 사진, 열두 번째 만남 '김태연' 편의 모든 사진은 각 장의 주인공들이 직접 보내주신 사진입니다. 훌륭한 사진을 게재할 수 있도록 허락해주셔서 감사합니다.

그 외 실린 사진들은 백종춘 외 미주 중앙일보 사진기자들이 찍은 것입니다.
이 자리를 빌려 다시금 깊은 감사를 전합니다.

최고가 되려면
최고를 만나라